陀羅尼思想の研究

新装版

氏家覚勝
Ujike Kakusho

東方出版

陀羅尼思想の研究

目次

Ⅰ　念仏より陀羅尼へ

Ⅱ　ダーラニー説

I　念仏より陀羅尼へ

念仏より陀羅尼へ

一

初期の大乗経典に共通するキーワードをいくつかあげるとすれば、各人によって見方の相違はあるとしても、まず般若波羅蜜や無生法忍、空性、縁起といった『般若経』関係の教理や現在仏、菩薩、誓願などに多くの支持がえられると思う。さらには念仏、陀羅尼、三昧なども見落されてはならない。これらのなかで、初期大乗の成立の基盤をなすものとして、筆者はとくに念仏と陀羅尼をとりあげたい。この二つは、大乗の興起と伝承に深くかかわっている教義または思想であると考えるためである。より具体的にいえば、大乗は現在仏の観念に始まり、陀羅尼によって伝承されていくものである。この観点に立って以下、初期大乗における念仏と陀羅尼の関係を、原始仏教からの伝統的な念仏信仰との関連の上で考察していきたい。

大乗仏教の念仏の基本的立場は、現在仏を念ずることである。これは大乗になってとくに現在他方仏の信仰が強調され、東方の阿閦仏とか、西方の阿弥陀仏をはじめとする多くの他方仏が大乗教徒の願いに応じて出現するにいたったことと密接に関係している。現在仏は時間的な、あるいは歴史的な制約のわくを越えて現在に出現している仏陀であるから、釈迦牟尼仏陀とすべての面で同一であるということはできない。歴史上の釈尊を現実的な色身（rūpa-kāya）であるとすれば、大乗の仏陀は真理的な法身（dharma-kāya）を基体とした色身であるためである。したがって現在仏の信仰およびその念仏は、大乗の仏身観とも合せて考察すべき項目となる。現在仏は、大乗法の真理または真如観に裏づけられた永遠の仏身である。もとより歴史上の釈迦仏とて、生死輪廻の根底にある十二縁起などの真理を体得されて覚者となった人であるから、永遠の法が実現されている。ブッダガヤー（仏陀伽耶）で正覚をえられたあとミガダーヤ（鹿野苑）に趣かれたとき、釈尊は五比丘が自分を「ゴータマ」と呼び、「友」と呼びかけたのにたいして、

比丘たちよ、如来にたいして、名によって、また友の呼称で語りかけてはならない。比丘たちよ、如来は尊敬さるべき人（阿羅漢）であり、正等覚者である。比丘たちよ、耳を傾けよ。不死がえられた。わたくしは教えよう。わたくしは説き示そう。

といわれたとされている。[1]これがはたしてどこまで真実を伝えているものか。学者によっては、古い詩を見ると仏弟子たちは釈尊に向って「ゴータマよ」と呼びかけているし、また釈尊に道を尋ねる人々が「きみよ」（mārisa）と呼びかけている。またゴータマ個人がそれほど傲慢であったとは考えられない。これは後世になって信徒がゴータマを神化したために、右のような伝説が作られたものとされる。[2]しかしゴータマ自身が傲慢でなかったにもかかわらず、信徒をしてそのように畏敬の念をもたせたとすれば、そこには釈尊を通常の人間以上に絶対視する思想が現れている。経典には仏弟子が仏にたいして絶対の浄信をもち「世尊は阿羅漢であり、正等覚者であり、明行足であり、善逝であり、世間解であり、無上士であり、調御大夫であり、人天師であり、仏であり、世尊である。」と如来を念ずべきであるとされているし、このように念ずるとき、貪欲、瞋恚、愚痴の迷いを離れ、如来について正直（uju-gata）であるといわれる。[3]そしてそのとき道理を信受（attha-veda）し、法を信受（dhamma-veda）するともいわれる。経典のこのような記述を学者は、「世尊は…」と信じることは仏弟子がすでに絶対者としての仏にかかわっていることを示し、そのように開かれた正直である心において如来はそのまま法となっていると解説している。[4]釈尊を正覚者たらしめる道理が法（dhamma）であるから、正覚者としての如来を念ずることは、真理としての法を念ずることと同じである。すなわち念仏は同時に念法であるわけである。

原始経典においてこのような念法に即した念仏の思想が見られるとすれば、この念仏は本質的に大乗の真理観と結びついた念仏と異ならないように思われる。これと関連して原始経典に、釈尊の言葉として、[5]「われを見る者は法を見る。法を見ればわれを見るなり。われを見れば法を見るなり。」と説かれていることを想起すべきである。この言葉は釈尊が、五蘊の一々について無常、苦、無我、無我所を知ってこれをすべて遠離し、解脱知見をえ、生を尽し終ったとの自覚のもとに発せられたものとされている。[6]すなわち自らのうちに体得された悟りの法を見よ、といわれているのであるから、このばあいのわれ（仏）も、大乗の法を体とする法身の考えに通じるように思われる。最近の研究によれば、[7]原始仏教から大乗仏教までの三宝観をたどってみると、法宝を教法と見る立場と、離欲涅槃と見る立場との二つの流れがあるとされる。そしてどちらかといえば、後者の法を人格的に理解する立場の方が有力である、といわれる。この見解ははなはだ有益な示唆に富むものである。なぜなら仏陀の入滅後に仏陀が残された言葉、つまり教えにもとづいて仏道を実践する仏弟子たちが、法（教え）に即して離欲の理想体（五分法身）を追求していった結果が、大乗の法身思想につながると思われるからである。

『ミリンダ王の問い』によれば、ギリシャ人のメナンドロス王は、仏滅後数百年を経過している現在、なお仏陀の実在を信じている仏弟子たちに疑問を抱いて、ナーガセーナ長老に質問している。[8]

「尊者ナーガセーナよ、あなたは仏を現に見たことがありますか。」「いいえ、大王よ。」

「それではあなたの師は仏を見たことがありますか」「いいえ、大王よ。」

「尊者ナーガセーナよ、それでは仏は実在しないのです。」

そこでナーガセーナ長老は、王に雲山のウーハー（Ūhā）河を現に見たことがあるかと問い、王が否定すると、「それではウーハー河は存在しない。」と答える。すると王は「尊者よ、実在するのです。わたくしはウーハー河を現に見たことはないし、またわたくしの父もウーハー河を現に見たことはないけれども、しかしウーハー河は実在するのです。」と前言を取り消している。そこでナーガセーナ長老は、このウーハー河は見たことがなくとも実在するという論理を、仏の問題に適用していう。[9]

「大王よ、それと同様に、わたくしは世尊を現に見たことはないし、またわたくしの師も世尊を現に見たことはないけれども、しかも世尊は実在するのです。」

と。これにたいして王は、「もっともです。尊者ナーガセーナよ。」と答えている。

右の対話に引きつづいて、さらにメナンドロス王は、「仏は無上者ですか。」という問いを発している。[10] これにたいしてナーガセーナ長老は、大海をまだ現に見たことのない者が、大海は広大で深きこと無量底である。そこへガンジス、ヤムナーなどの五つの大河が合流しても、なお大海は減少することも満つることも知られない、ということを知っているだろうかと反問する。そして王が、「それはかれらは知っているでしょう。」と答えたあとで、「大王よ、それと同様に、わたくしは偉大な仏弟子たちが完全な涅槃をえたのを見て、世尊が無上者であるということを知っているのです。」とのべ、王を納得させている。

この問答は、釈尊の滅後数世紀を経た時代(西紀前二世紀後半)に、[11] 法にもとづいて釈尊の実在を信じて止まない敬虔な仏弟子たちが存在したことをリアルに伝えている。釈尊にたいするかぎりのない崇敬の念が、法(涅槃)の尊厳とともに仏弟子たちの心にその存在を不滅のものとして印象づけている。このような釈尊の実在の確信も、先述の「われを見る者は法を見る云々」の精神と同じ法の真理観にもとづくものと思われる。右の問答のあと、メナンドロス王はひきつづき同様の質問をしたので、ナーガセーナ長老はつぎのようにのべて、「仏は無上者である」ことを論証している。[12]

「大王よ、かってティッサ(Tissa)長老という書写師がありました。かれが死んでから多年を経過しましたが、かれ[がかって存在していたこと]は、どうして知られるのでしょうか。」

「尊者よ、〔かれの残した〕書写物によってです。」

「大王よ、それと同様に、法を見る者は世尊を見るのです。何となれば、大王よ、法は世尊の説きたもうたものだからです。」

学者によれば、[13]無限性を思慕し、無限なる絶対者というものを容易に表象しうるインド人一般に向って説くときには、仏の無限性・絶対性を強調するというだけのことで足りたのであるが、絶対者あるいは全体者を、眼に見える何らかの完結したかたちのあるものとして表象する傾向のつよいギリシャ人にたいしては、ただ仏の無限性・絶対性を強調することは、けっしてそれの存在を立証することにはならない。そのためナーガセーナ長老は、右のように、無限にして絶対の仏の存在を絶対性が現実の人間において具現されている事実にもとづいて、メナンドロス王に理解させたといわれる。しかしこのような説得の仕方で、はたしてメナンドロス王が仏弟子たちが主体的にかかわっている仏陀への深い敬信を理解したかどうかには疑問がある。おそらくメナンドロス王は、そうした仏弟子の内面的な深い信仰にまで理解がおよばなかったであろう。仏弟子は、「雪山にウーハー河が存在する」という現実の一事象を表象する仕方で仏陀の実在を信じていたわけではない。仏陀が永遠であるのは、悟られた法、説かれた法が人間にとって、また生きとし生ける一切の有情にとって究極的な真理であるがためである。雪山のウーハー河は、ある時期突然の天変地異によって消滅してしまうかも知れない。テイッサ長老の書写物は、もし後の世にこれを伝承しない人が出れば、その時点で長老は忘れ去られてしまう。「法を見る者は世尊を見る」と説いたナーガセーナ長老の真意は、ウーハー河やティッサ長老の書物の喩えのあとに、メナンドロス王、により本質的なもの、絶対的なものに心を向けさせようとする配慮であったかも知れない。

しかしギリシャ人であるメナンドロス王は、前述のような思考態度を変えないで、なおも世尊の実在を具体的に認識しようとして、つづいてナーガセーナ長老に、「尊者よ、ここにありとか、そこにありとかいって仏を示すことができますか。」と質問している。[14] これにたいしてナーガセーナ長老は、「大王よ、世尊は再生をもたらす残りのない涅槃の境地（anupādisesā nibbāna-dhātu 無余依涅槃界）において完全な涅槃を達成されました。ここにあり、とか、そこにあり、とかいって仏を示すことはできません。」と答えている。

これは入滅し、涅槃に入られた仏陀は現実に見ることはできないというきわめて当り前の事実を述べているにすぎないのであるが、後世の仏身観とか仏像の発生を考える上では、重要な視点を提供する。仏陀は涅槃されたまま現実に存在しなかったので、人々には見ることもできず、表詮することもかなわなかった。そのため、サーンチとかバールフットなどの仏教遺跡の仏伝彫刻においても、仏陀の姿は描かれず、仏陀は聖樹とか、仏足跡とか、輪宝によって象徴的に示されるにすぎなかった。[15] いわゆる「仏陀なき仏伝図」は、入滅された仏陀は見えないという、原始仏教の仏身観に支配されていたためである。[16]

二

ナーガセーナ長老はつづいて、「炎の消滅」の譬喩によって、涅槃に入られた世尊が見えないことを説明している。[17] すなわち王に、「現に燃えている大火の炎が消滅したならば、ここにあり、とか、そこにあり、とかいって炎を示すことができますか。」と問い、王が「尊者よ、そうではありません。その炎が消滅したならば、示されないことになります。」と答えたあと、つぎのようにいう。

「大王よ、それと同様に、世尊は再生のための残りのない涅槃の境地において完全な涅槃を達成されました。すでに消滅してしまった世尊のことを、ここにありとか、そこにありとかいって示すことはできません。大王よ、しかしながら世尊を法身（dhamma-kāya）によって示すことはできるのです。何となれば、大王よ、法は世尊によって説示されたものだからです。」

涅槃を達成された世尊は示すことはできないが、法身によれば示すことができるという。ここには大乗の仏身観とは異なった、色身重視の小乗仏教の仏身観を見ることができる。もとよりここでいわれる法身とは、真如としての法身ではなく、釈尊の教説の集合という意味で、具体的には経典を指している。したがって、教説すなわち経典が現に存在する以上、それを教え、説き示された釈尊の存在が確知されるというのである。これは前に、世尊が無上者であることを説明したときのと同じ、教えを記録した書写物としての経典によって世尊の存在を知ろうとするものである。そのときのナーガセーナ長老の真意は、世尊の説かれた法が究極的な理法として現に存在し、未来にも存在しつづけるものである以上、「世尊は無上者である」ということが普遍的に確信されるということであったし、同じ論理がいまのばあいにも適用されるわけである。しかし普遍的な絶対者を、かたちのあるものによってしか表象できないメナンドロス王にとって、このナーガセーナ長老の真意がはたしてどこまで伝わったかは、ここでも疑問である。それに何よりも、かれには仏への敬信が不足している。おそらくかれは、経典に記された文字を認識して、過去世の教説者としての世尊に思いを馳せたにとどまったことであろう。

しかし仏弟子たちの仏および法へのかかわり方は、メナンドロス王のように書写物を見て、その著者を推測するというごときものではなかった。仏弟子たちは経典を書写物として見るのではなく、それによって人としての生き方、もしくは生そのものを根本から問いつめたのである。法にもとづいて現実の生の根源を問い、そこから脱却する方法を学び、永遠の真理（悟り）に目覚めることを願ったのである。「法を見ることによって世尊を見る」には理念的な意味が含まれていると思われるし、同じことが「法身によって世尊を示すことができる」にもあてはまるものと考える。

法が永遠であり、普遍であることと、仏たる世尊が無上者であり、正等覚者であることとは、同じ事柄の二面である。法が永遠の真理でなければ、それを悟った世尊も正覚者たりえないことになるから。ここでわれわれは、さきに見た経典が、「世尊は阿羅漢であり、正等覚者であり、…仏であり、世尊である」と如来を念ずるべきであり、このように念ずるとき、貪瞋痴の根本煩悩を離れる、といわれていたことを想起すべきである。法を見ることが正等覚者としての仏を見ることである以上、この「仏を見る」も右の念仏と内容的に異なるものではないであろう。

ところで『ミリンダ王の問い』のなかでは、念仏がなにゆえに罪悪生死の凡夫にとってのすくいの善業となるかが問題とされている。[18] すなわちメナンドロスは、ナーガセーナ長老に「あなたがたは、たとい百年間も悪を行なっても、臨終に一たび仏を念ずることをえたならば、その人は天上に生ずることができるであろうといわれるが、わたくしはこのことを信じません。またあなたがたは、一たび殺生を行なっても地獄に生れるであろう、といわれるが、わたくしはこのことも信じません。」という。これにたいしてナーガセーナ長老は、「小石は船なくしては沈むが、百の車に積むほどの石くずでも、船に載せられたならば浮ぶ」という喩えをもって、王を納得させ、「大王よ、善業はあたかも船のごとくに見なされるべきです。」と説いている。ここにいわれるような念仏は、竜樹が『十住毘婆沙論』の「易行品」で、易行道としてかかげる阿弥陀仏の信仰と一脈通じるものがある、との指摘がなされている。[19] 竜樹によると、[20] それは水路を舟に乗って進むようなものであるという。どちらも仏を信じ念ずることを、舟に乗ることによって喩えている。竜樹の易行道の念仏の教説は、後世の浄土教において重要な意義を有することになるともいわれるが、[21] そうすると右のナーガセーナの説明にある念仏も、後世の浄土教の念仏思想につながるものかどうか。メナンドロスの問いのなかで、「一たび仏を念ずることをえたならば」とあるのは、原文では‘ekaṃ buddhagataṃ satiṃ paṭilabheyya’となっている。ここでは「念」は sati (skt. smṛti) であるから、観念の念仏である。しかし『十住毘婆沙論』の「易行品」では、[22]

阿弥陀等仏、及諸大菩薩、称レ名一心念、亦得ニ不退転一。

是諸仏世尊現在ニ十方清浄世界一、皆称レ名憶念。…若人念レ我称レ名自帰、即入ニ必定一得ニ阿耨多羅三藐三菩提一、是故常応㆓憶念㆒。

などとあるので、これは称名と一体となっている念仏である。ところが同じ『十住毘婆沙論』の「念仏品」では[23]、その劈頭で『般舟三昧経』にもとづく般舟三昧が説かれる。それは「見諸仏現前菩薩（三昧）」と名づけられ、この大宝三昧をえると、いまだ天眼、天耳をえざるといえどもよく十方諸仏を見ることをえ、また諸仏所説の経法を聞くといわれる。さらにこの三昧は何道をもってえるべきかと自問して、つぎのようにいう[24]。

当㆑念㆓於諸仏㆒、処㆓在大衆中㆒、三十二相具、八十好厳㆑身。

この念仏は明らかに色身の相好を念ずる念仏で、しかもそれが「般舟三昧」（pratyutpanna-buddha-saṃmukhā-vasthita-samādhi）とされているのであるから、これは三昧のなかで現在の十方諸仏に値見（見仏）する称名をともなわない念仏である。

同じ論書のなかで、このように口称の念仏と観念の念仏の両方が説かれるということは、もともと両者には分かちがたい関係があるからである。そのため右の『ミリンダ王の問い』にある念仏も明らかに観想の念仏であるけれども、そこに「称名」の念仏の思想が見込まれるのであるし、それも両者の関係が本来的なものであるとすれば、何ら疑とするものではない。ただ『ミリンダ王の問い』では念仏は善業とされ、これをえると天上に生ずるといわれるが、これはメナンドロスが世間一般で信じられている念仏信仰を耳にしていて、それをナーガセーナ長老に尋ねたまでのことであろう。仏弟子にとって念仏とは、それが観念のみのものであろうと称名をともなうものであろうと、正しくはそれにもとづいて正覚をうべきものである。

ところで原始仏教の仏身は釈迦牟尼仏で、歴史上の人格身であると考えられている。人格身であるから涅槃に入られると姿が見えず、仏弟子は観念にもとづいて仏陀を追憶する。その観念の対象となるものは、仏滅後においては三十二相などのすぐれた相好をそなえた色身の仏陀であったが、これはいわば人格身の美化であり、超人化である。すなわち、仏弟子たちの肉身の仏陀への記憶が失われるにつれ、徐々に仏身の絶対化が進められた。この仏身の絶対化は、仏滅後二百年ごろに顕著になった保守派と進歩派の教団の対立のうち、とくに進歩派の大衆部においていちじるしいものが見られる。伝統的な上座部の系統の有部では仏陀は生身であり有漏とされ帰依の対象と見られていない。[25]これにたいして大衆部では「如来の色身は実に辺際なし。[26]」として、仏陀を八十歳の生身以上の存在と見なしていた。これは人格身に永遠性を認めようとするものであり、このような考えが大乗仏教の報身仏思想につながっていく、報身仏は願生の仏陀で救済の誓願を実現する現在仏であるが、これももとは仏弟子たちの無常の仏身を嘆く気持が永遠の仏身を志向させ、のちに大乗の現在仏へと発展していったと考えられる。

三

原始仏教の色身無常説から大乗の永遠の仏陀観へと発展する過渡期の仏身観を示す資料の一つに、後代のものではあるが、『ディヴヤ・アヴァダーナ』の記事をあげることができる。[27]ここにはアショーカ王に招かれるウパグプタ(Upagupta)長老の言葉として、「私は世尊が涅槃されてのち百年を経て出家したので、世尊の法身(dharma-kāya)は見ることができるが、金山のようにこうごうしい三世の主の色身は見ることができない」と嘆ぜられている。この言葉はマーラ(Māra 魔)との対話のなかで、マーラが大仙のいかりにふれて入れられた首かせを、仏陀を尊敬する自分を哀れむならば慈悲をもって解かしめよと長老に哀願したときに、ウパグプタ長老はある約束を認めるならば応じようとマーラに申し出る。マーラが驚いて聞き返すと、長老は右のように告げたあと、「汝はいまここでわが願いを容れて無比の仏身を示しなさい。わたくしにはこれ以上の愛楽はない。わたくしは十力(仏陀)の色身を恋い願う者である。」とのべている。これにたいしてマーラはそれでは自分の願いも聞いてほしいといって、もし仏陀の相好をそなえた仏身を化作したときに、一切智者の性質をそなえた仏陀に対するような尊敬の気持で礼拝しないでほしい。仏陀を念ずる（buddhānusmṛti）ような美しい心でもし長老が自分のようなつまらぬ者を礼拝すれば、自分はこの上なく当惑するだけである、といっている。そうすると長老が、「そのとおりにしよう。わたくしはあなたに礼拝しない。」とのべたとき、マーラは森の奥深くへ入って踊り子（naṭa）のように美しく荘厳した仏身を化作して、森の奥から現れる。世尊の色身を化作したあと、マーラは右辺に長老のシャーリプトラ（舎利弗）を化作し、つづいて左辺にマハーマウドガルヤーヤナ（大目犍連）、後に持鉢のアーナンダ（阿難）、マハーカーシャパ（大迦葉）、アニルッダ（阿㝹楼陀）、スブーティ（須菩提）を始めとする多くの仏弟子たちの色身をも化作し、一二五〇人の比丘衆が半月形になって世尊をとり囲むように化作して、自らが世尊となって長老のそばに近づいた。そうするとウパグプタ長老は、これは世尊の現身のようであると歓喜して、いそいで立ち上がり、世尊を注視してつぎのように嘆じた。[25]

ああ、何という無慈悲、何という無常か。このような色（身の相好）をすら壊してしまうとは。
人はいう。かの偉大な牟尼の、このような身体が無常たるをまぬかれず、涅槃に入りたまえりと。

世尊の色身の無常性を嘆くこの言葉には、仏滅後に生まれた仏弟子たちが、いま一度仏陀に会いたいという願いがこめられている。現にウパグプタ長老は仏滅後百年に生まれた自分を悲しんで、マーラに現身の仏陀を化作させて礼拝しようとしているわけである。このとき長老はかくも仏陀を心にかけていたので、「わたくしはついに世尊を見た」という確信に達した、と述懐している。ここで長老は、色身相好の仏陀に両手を合せて礼拝して、相好をさまざまに讃嘆する。[29]すなわち「御顔は蓮華よりもすぐれ、眼は青蓮よりも美しい。華麗さは花の林よりも、愛らしさは光をたたえた月よりも、深きこと大海よりも、堅固なこと須弥山よりも、光輝なこと太陽よりも、歩行ぶりは獅子よりも、眼光は牛王よりも、色は黄金よりもすぐれている……。」と。そして長老は、いろいろ心にかけていた正覚（saṃbuddha）への想いを一時忘れ、仏陀（の色身）への想いに心を奪われて、根を切られた木のようにマーラの足元にひれ伏してしまう。するとマーラは、長老が自分を礼拝しないという前の約束を忘れたのではないかと問うが、長老は、

「わたくしは何も大教師が水のように壊れ、火のように消えてしまうということを知らなかったわけではない。しかしわたくしはかくも美しい仏陀の御姿を見て、かの仙人(仏陀)を礼拝したまでで、汝を礼拝しているのではない。」と答えている。

『ディヴヤ・アヴァダーナ』はいわゆる讃仏文学または譬喩文学の一つで、仏徳の賛美であるとか仏弟子の讃仰を主内容とする経典であり、伝統的な長老教団が守りつづけた仏陀の遺法としての経典(āgama 阿含)とは別の伝承であるとされている。[30] 右のウパグプタ長老の仏陀を讃仰する言葉のなかにも、多少伝統的な仏陀観をこえる色身讃美の精神が見られるのは、この経典が伝承された特定の時代と人の影響によるのかも知れない。四阿含のような経典が、師のいましめや教訓の言葉を教団内部において忠実に伝持したのたいして、『アヴァダーナ』などの譬喩文学は、俗人をも含めた仏弟子たちが、景仰の対象である世尊を仰ぎ見てその姿を讃仰し、畏敬の気持を語り伝えたものである。したがってそこには、前者の経典(阿含)に盛られている遺訓の教義をこえた、仏陀への讃美の心情が吐露されもするのである。

涅槃されて現実には姿が見えない仏陀に、マーラの化作という手段によってウパグプタ長老が値遇しえたという記述には、敬信の念仏が無常(の教義)をこえて値仏を可能にしたことが暗示されている。ウパグプタ長老が仏身の無常を嘆じる、「人はいう。かの偉大な牟尼のこのような身体が無常たるをまぬかれず、涅槃に入りたまえりと。」という言葉のなかで、「人はいう」にあたる語の kila は、ときに自分の考えや主張と相反する対論者の思想や主張を批判する意味を含んでいる。いまのばあい、それは、ウパグプタ長老の感情の高ぶりの表現ともとれるであろうが、もしうがった見方をすれば、仏身の無常を既成の事実とする伝統的な教義に反撥する言葉とも受けとれる。それもたんなる憶測にすぎないかも知れない。しかしウパグプタ長老のように、仏滅後百年を過ぎた時代に、人々のあいだに何とかしていま一度仏陀に会いたいとの願望が渦まいていたと考えることは自然であろう。そうした願望が敬信の念仏のなかで徐々に高まっていき、ついに追憶の念仏が無常の壁を突破して、仏陀の色身をまのあたりに拝するという、大乗仏教の『般舟三昧』に高められたと考えたい。右のウパグプタ長老の物語に見られるようなマーラの化作による色身の見仏は、追憶の念仏と般舟三昧の念仏の中間に位置するように思われる。

大乗の般舟三昧においても、色身の仏陀が思念されている。しかし大乗の仏陀は過去の生身のままの色身ではなく、大乗教徒の願いを実現する普遍的な現在仏である点が異なっている。すなわち大乗以前の仏陀観では釈尊一仏で、仏陀は単数であったものが、大乗では、釈尊以外にも無数の現在他方仏が十方国土において現に教えを説いているとする。これは仏陀の普遍化であり、永遠化である。こうした変化がどうして起ったかというと、仏滅後数百年を経るあいだに、さきのウパグプタ長老のように何とかしていま一度仏陀に会いたい、すなわち仏陀はいつまでも教えを説かれる存在であってほしいと願う仏弟子たちの景仰が次第に固定化し、ついに仏陀は永遠の存在として、人間としての生身を超越するにいたったためである。たとえば『法華経』では、「如来寿量品」に[31]、仏陀が涅槃に入ったのは人人に如来への渇仰の心を起させるための方便で、仏陀の寿命は無量であり、永遠に滅することはない。いつまでも霊鷲山にとどまって、永久に教えを説きつづけるとする、いわゆる久遠実成の仏陀の出現が見られた。この思想は、そのまま『金光明経』にも受けつがれている[32]。このような寿命無量の仏陀観の先駆は、すでに指摘したとおり、『異部宗輪論』に大衆部の説として出る、「如来の色身は実に辺際なし。如来の威力もまた無辺際なり、諸仏の寿量もまた無辺際なり[33]。」に求められる。大衆部には、同時にまた、願生の菩薩の思想の萌芽が見られる。同論に大衆部の説として、「菩薩は有情を饒益せんと欲するがために願って悪趣に生れる。意にしたがってよく往く[34]。」といわれるものがそれである。願生は大乗の菩薩を規定する利他の誓願に根ざすものである。菩薩は生きとし生けるものを救いとり、解脱させようと誓願して、不惜身命の菩薩行を実践する。菩薩はその過程でたえず現在仏の励ましに会い、諸仏の指示と加護を受けて願・行を完成する。その結果は、菩薩が菩提をえて仏国土に現在の諸仏として現れる。これが報身現在仏にほかならない。いまの現在仏は過去の菩薩の願・行の結果であり、いまの菩薩は未来の報身仏として現れる。無限に菩薩の願・行が実践され、万人の救いがあるところ、現在仏もまた永遠であり、普遍であることは論をまたない。こうして現在仏は時間をこえていまに応現し、しかもあまねく十方世界に遍満している。

そこでそれではこの現在仏をまのあたりに思念する般舟三昧において、仏陀はどのような相好をそなえているかというと、『般舟三昧経』によると、[35]念仏のさいに菩薩は「三十二相と金色のごとき身をそなえ、あたかも黄金像がこうごうしく輝いているように」仏陀の色身を観念すべきであるといわれている。三十二相とか金色身とかいわれるものは、仏陀を超人化もしくは神格化した表現であるが、しかしそれはあくまで比類のないすぐれた特徴をそなえた仏陀の肉身の模写である。後世の三身説では、色身の三十二相はただ受用身(=応身)についてのみいわれるようであるが、[36]初期の大乗経典では、化仏が三十二相をとって現れている。[37]これは応身の仏陀と見なされる。二身説での色身すなわち三身説における受用身や応化身が具象的であり、可視的であるのにたいして、真如・法性を本質とする原理的で抽象的な法身は、眼に見えないものである。大乗では、空無相の実相観にたって真如の法身を重視する。そのため色身にはじまる念仏も、法身の念仏へ、さらには実相の念仏へと深められて、きわまるところそれは空三昧であるとされる。[38]

そのことは、大乗の色身の仏陀が原理的な法身に即した、つまり真如観に裏づけられた仏身であるがため、色身の仏陀観が空無相の真理観にまで高められるということである。もとより原始経典のうちにも、前述のとおり念仏にさいして、如来は煩悩を離れた阿羅漢であり、正等覚者であると信ずべきであるとされている。念ずべき仏陀は真理を開き、悟りを実現されているがゆえに景仰の対象となるのである。悟りが開かれない有漏身の凡夫に畏敬の念が生じようはずがない。仏陀を念ずるということは、同時に過誤の多い現実を超越する正しい道理、つまり真実を求める心がはたらいていることは事実である。それゆえ、念仏はただちに念法である。

四

ただしかし、原始仏教には仏陀を原理的な法そのものと見る法身の考えが明瞭に意識されなかったがために、その念仏は景仰の念仏にとどまっていた。『ミリンダ王の問い』のなかで、ナーガセーナ長老は、「涅槃に入られた世尊は、ここにありとか、そこにありといって示すことはできない。しかし世尊は法身によって示すことができるのです。」とのべている。[39] ここに法身とされるものは、教説を書き記した経典を指している。法身を仏経身（経典の集合）と見る考えは大乗にもあり、[40] それが真如・法性の法身に発展するものと思われる。それはともかく、ここには世尊が教示された法はいまに普遍であるけれども、仏身は過去にとどまって現れないとされている。そのためウパグプタ長老の物語では、釈尊をまのあたりに礼拝するために、マーラの化作という手段をとらざるをえなかったということである。[41] しかし教えが普遍であり、法が永遠であるためには、仏身もまた永遠でなければならない。そうでなければ釈尊の教えは、一時代の遺訓にとどまってしまう。釈尊が残された言葉は、いつの世にも普遍的な真実であるはずである。このことに目覚めたのが、ほかならぬ大乗教徒であった。もとより大乗の永遠の仏身観には、色身の仏陀を讃仰してやまない仏弟子たちの念仏信仰が結集している。それは疑いの余地のないものである。しかし讃仰の念仏を支えて不変的な色身を現実ならしめたものは、法の真理観である。

大乗は『般若経』に始まり、般若波羅蜜にもとづいて大乗の真理観が形成されたと考えることには誰しも異存はないであろう。しかし『般若経』には、仏身観は充分に整備されているとはいえない。最初期の段階では、三身説はおろか二身説も明瞭でない。『八千頌般若経』の第四章の如来の遺骨と般若波羅蜜の選択をめぐる仏陀と帝釈天の問答のなかで、仏陀の生身と法身とが対比されている文が見られる。[42] そこで帝釈天は、世尊にたいして、もし自分に一方でこの閻浮提が如来の遺骨でその頂きまでいっぱいに満たされて提供され、他方で般若波羅蜜が書き記されて差し出されたばあい、そのうちのいずれか一方を与えられるとすれば、般若波羅蜜をとるであろうといっている。それはなぜかというと、般若波羅蜜こそ如来の真実の身体であり、世尊によって、「仏陀世尊たちは法身より成るものである。そして、比丘たちよ、けっしてこの生身の身体（satkāya）を〔仏陀の〕身体と考えてはいけない。比丘たちよ、わたくしのことを法身によって完成されているのだと見なさい。」といわれているからであり、またこの如来の身体は般若波羅蜜という真実の究極（bhūtakoṭi実際）から発現したと見なければならないから、とのべられている。ここで法身と対比してその価値が否定されている生身の身体（satkāya）は、色身の現実身を指している。それは同じく『八千頌』の第三十一章に、色身と法身とが対比されて、[43]「じつに如来は色身として見られてはならない。如来は法身から成るものである。」といわれているからである。しかし注意したいことは、右の第四章と第三十一章の生身および色身と法身とを対比させて法身の重要性を説く文が、最古の漢訳には欠けている。このことは、すでに先学によって指摘されており、[44]小品系般若経の五つの漢訳のうち、『道行般若経』（支婁迦讖訳）、『大明度経』（支謙訳）、『摩訶般若鈔経』（曇摩蜱・竺仏念訳）には、この文は見られない。これにより色身・法身の二身説が、『八千頌』の成立当初から存在したものではなく、やや後代になって挿入されたものとも考えられる。しかしのちの挿入であるといっても、それはあくまで二身の並記もしくは対比の文が見られないということで、先の引用文中で般若波羅蜜が法身と見なされる根拠としての、「如来の身体は般若波羅蜜という真実の究極から発現した」と一致する般若波羅蜜・仏母の思想は、『道行』、『大明度』、『鈔経』のいずれにも認められる。[45]また色身に相当するものとして、三十二相をそなえる化仏が『道行』および『大明度』に説かれている。[45]これらのことから、最古の漢訳にも並記はされていないけれども、法身および色身の思想は存在していたことが理解される。問題は二身について、「如来は法身から成り、色身として見られてはならない。」とする色身の価値の低下である。前述のとおり原始仏教では、「法身は見ることができるが、色身は見ることができない。」とされていた。以前には見えるとしていたものが見えないとされ、逆に見えないとしていたものが見える、とされている。法身はすでに指摘したとおり、原始仏教では教説の集成（経典）という意味であったが、大乗では教えの普遍性が強調されて、それが空性（般若波羅蜜）とか、真如・法性と同義に考えられている。同じ法身でも、原始仏教では眼で見、耳で聞かれていた具体的な教えが、大乗ではより原理的・普遍的な真理内容とされたわけである。色身は両方とも三十二相の具体的な相好をそなえた仏身であるが、それが原始仏教では、涅槃されて見えないとされていたものを、大乗では応身の思想にもとづいて、現実に顕現せしめている。

いわばウパグプタ長老の物語にあるマーラの化作による色身の顕現を、教義的に整合ならしめたといえる。マーラの化作にも比すべき応身の仏陀は、眼に見える具体的な現実身（肉身）の仏陀である。しかしこの仏身は、生身のままの仏陀ではないことに留意すべきである。なぜなら応身の仏陀は、色身が絶対化した仏陀だからである。このことは、応身の仏陀が法身と全然無縁でないことを示している。絶対の真理である法身に裏づけられていながら、なおかつそれ自身は仮の仏身である。

応身または化身と法身の二身に、報身または受用身を加えた三身説で、大乗の仏身観は完成している。これからさらに発展した四身説も見られるが、それはたとえば三身説の受用身を自受用身と他受用身に分けたり[47]、また応化身を変化身と等流身に分けるもので[48]、原理的には三身説と同じものであるからである。報身は応身と法身との中間に位置する仏身で、応身と同様、具象的・可視的（その意味では色身）であるが、いっそう法身、真如に近づいた普遍的な仏身である。具体的には、阿弥陀仏とか毘盧遮那仏が報身仏であるとされている。これらの大乗の諸仏は、願生の菩薩が修行を完成した結果としての現在仏と考えられることは、前に一言したとおりである。

そこで本題にもどって、現在仏を思念するという念仏の意義を考えて見ると、仏身の相好をまのたありに念ずるという般舟三昧の色身の念仏も、最終的には空三昧に深められたように、念仏の目的は空性の智慧のかくとくであり、正覚の実現にある。すなわち念仏によって見仏がえられるということも、結局それにもとづいて大乗の法門が与えられ、正覚の実現が約束される（授記される）ということである。しかし一口に正覚が約束され、悟りが実現するといっても、それは現実にはなかなかかなえられるものではない。それは大乗に入信し、堅固な菩提心をもつ者が、無数劫のあいだ善行を積み重ね、値仏聞法を繰り返し実践して、始めて実現するような困難をともなう。そのあいだの仏道もしくは行位として、経典や論書は六波羅蜜行をはじめとする修行方法とか、十地などの修行段階を詳細に説き示す。しかし私見によれば、それらの諸々の菩薩行の根底をなすものは、念仏（三昧）である。

その一例として、有名な『華厳経』の「入法界品」における善財童子の菩薩行をあげることができる。ここには菩提心をおこして、無上正等覚を実現すべく努力する善財童子の姿が、文殊菩薩を始めとする五十三人の善知識（kalyāṇa-mitra）の歴訪というかたちで描写されている。かれは一人一人の善知識に、いかにすれば正覚を実現することができるか、そのための菩薩行を尋ねて、はてしない聞法の旅を繰り広げる。そこでかれが教えられた内容は、多岐にわたり、簡単に解説しきれるものではない。しかし、その多くはいかにして念仏三昧によって十方仏国土の諸仏に値見できるか、ということを教えている。そのなかでたとえば、文殊のもとを離れて最初に訪れた功徳雲（Meghaśrī）比丘は、つぎのように念仏三昧を教えている。[49]

善男子よ、わたくしは信解の力によって慧眼と信眼を清くして、すべてをまのあたりに見る智慧の光明を輝やかし、顔を背けず、一切の境界を無碍の見によって何の障害もなく、巧みに観察することによって、あまねく眼の対境が清浄となり、清浄の身体をもって十方の一切国土に往詣して、身体を屈して〔諸仏を〕礼拝して、一切諸仏の法雲を記憶する陀羅尼の力によって、あらゆる仏国土にいます如来を見る。すなわち東の方向に一人の如来を見、二人をも十人をも百人の仏陀をも見、千人の仏陀をも、十万人の仏陀をも、百万人の仏陀をも、千万人の仏陀をも、一億人の仏陀をも、十億人の仏陀をも、一兆人の仏陀をもないし無量、無数、不可思惟、無等、無比、無際限、不可思量、不可説もの如来を見る。さらに閻浮提の微塵数と同じほどもの如来を見る。四天下の微塵数と同じほどもの如来を見る。千世界、二千世界、三千大千世界、一仏国土微塵数と同じほどもの如来を見る。十仏国土微塵数と同じほどもの如来を見る。千仏国土微塵数と同じほどもの、十万仏国土微塵数と同じほどもの、百万仏国土微塵数と同じほどもの、千万仏国土微塵数と同じほどもの、一億仏国土微塵数と同じほどもの、千億仏国土微塵数と同じほどもの、千億兆仏国土微塵数と同じほどものないし無数仏国土微塵数と同じほどもの如来を見る。東方におけると同様に、南方にも、西方にも、北方にも、東北方にも、東南方にも、南西方にも、西北方にも、下方、上方の一々にも如来を見る。ないし無数の上にも無数の仏国土微塵と同じほどもの如来を見る。一つ一つの方向にそれぞれ見ながら、如来のいろいろの色相を見、いろいろの形相、いろいろの神変（神通）、いろいろの雄々しい振舞（遊戯）、種々の衆会道場の荘厳、無数の色と無数の色の光網が光を放つさま、種々の仏国土の宮殿の清浄にして荘厳なさま、いろいろの種類の清浄の寿命の長さ、人々が望むものをそのとおりに示すこと、種々の清浄の正覚の神変、如来が発する雄々しい仏の獅子吼音を見る。

ここには大乗経典特有の非常に誇張された表現が見られるけれども、基本的には浄信にもとづく念仏三昧によって、十方仏国土の諸仏にまみえること、および諸仏の神変などをまのあたりにする感動が描写されている。右につづいて功徳雲比丘は、以上が一切諸仏境界智慧光明普見法門という念仏であり、これにより諸大菩薩無辺智慧清浄行門を知り、かつその功徳の一々を語ることが可能になったと説明している。その内容の一端を窺うと、あらゆる仏国土における一切如来の宮殿の荘厳をまともに見知することによって、智光普照念仏門がえられ、世間の望むままに如来を見させる清浄（見）にもとづく令一切衆生念仏門がえられ、如来の十力の力量にしたがわさせる（かくとくさせる）令安住力念仏門がえられ、法を聞くかたちで一切如来の身雲を見させる令安住法念仏門がえられ、あらゆる場所の〔衆生〕海から差別なく諸仏海にわたらせる照曜諸方念仏門がえられているなど、以下になお、十数門の念仏門がかくとくされていることをのべている。諸仏値遇の念仏が、一切衆生にも見仏をえさせて法を聴聞させ、諸仏の境界（海）に渡らせるという。これは念仏が利他の仏業となることによって、またよくその精神が発揮されることを示している。

五

ところで右引用文中の、「一切諸仏の法雲を記憶する陀羅尼の力によって、あらゆる仏国土にいます如来を見る」に相当する『八十華厳』（唐実叉難陀訳）の文は、「常念二一切諸仏如来一、総二持一切諸仏正法一、常見二一切十方諸仏一」であって、「念…仏」の語が入り、かわりに「陀羅尼力」の語が消えて訳されていない。陀羅尼に相当する語は「総持」であるとも解されるが、これは動詞的に用いられていて陀羅尼力（dhāraṇibala）を正確に訳しているとは思われない。ところが東晋仏陀跋陀羅訳の『六十華厳』には、この部分に相当するところに、「一切仏化陀羅尼力」の語が見え、陀羅尼力が正確に訳されている。古訳に入っている語が新しい訳に欠けているとは、どのように理解すべきであろうか。もとより両漢訳者が依拠した梵文テキストの流伝系統が異なっていて、『八十華厳』の梵文には「陀羅尼力」の語がなかったということも考えてみなければならない。しかしこの「陀羅尼力」と同じ「総持力」が般若訳の『大方広仏華厳経』にも出るところから判断すると、[50]実叉難陀が用いた原文にもこの語はあったにもかかわらず、それを直訳せず、「念…仏」と「総持」とに分けて訳したものと思われる。それは右の箇所は明らかに「念仏（三昧）によってあらゆる仏国土にいます如来を見る」という文脈の文章であるべきで、その方がきわめて自然であるためである。とうぜん「念仏」とあってよいところに「陀羅尼力」がある理由は何か。それは、両語が意味の上できわめて親縁な関係にあるためと考えたい。そのため漢訳者は、あえて「念仏」の語を補い訳したものであろう。

両語の親縁関係を示すもう一つの漢訳の例として、『大集経』の「無尽意菩薩品」中のつぎの一文をとりあげたい。[51]

菩薩得二是念仏三昧一、一切法中得二自在智陀羅尼門一聞二仏所説一悉能受持終不二忘失一、亦得下暁二了一切衆生言辞音声一無碍弁才上。

諸菩薩がこの念仏をえるやいなや、一切法にかんして無碍智をえるだろう。あゆらる諸仏世尊によって説かれたものを記憶して、忘れもしない。記憶もしない。あらゆる言語の意味を確実に理解するだろう。(チベット訳)

この文が出る前後の情況を少し説明すると、[52]世尊が「大集会」の法門を説示されようとするときに、東方の国土から無尽意菩薩が来現する。そこで舎利弗がどこの仏国土からきたのか、と尋ねると、無尽意菩薩は「不去不来」である云々と答える。さらに舎利弗がかの仏国土の性格とか仏の名前を質問したときに、世尊は無尽意菩薩の本来の仏国土、すなわち東方にある普賢如来の不眴(animiṣa)世界をくわしく説明する。それは、かの世界においては、声聞や独覚は名前すらもない。また如来のサンガ(僧伽)は菩薩のみであることや、その世界は宝木でとり囲まれていて、いつもすばらしい花が咲いていることや、瓦礫などがなく、黒い(不吉な?)丘はなくスメール山がそびえ、天・人の戯れはなく、食物といえば法喜と禅思を食べ、王といえば普賢如来法王のみで、他にいない。かの普賢如来は菩薩たちに法を説くのに、文字や意味をよく知っているにもかかわらず不説である。することといえば、諸菩薩はただ普賢如来世尊のみもとにあって、眼ばたきもせず(不眴)、じっと見つめているとき念仏三昧を証得し、無生法忍を悟るであろうと授記される。それゆえに、かの世界は「不眴」と呼ばれる。このような説明のあと、さらに「念仏三昧」とは何かが問われる。それによると、念仏三昧とは、色像のすがた(相)がとらえられないことである。すなわち種姓や出生、家系でとらえられず、過去の浄業でとらえられず、未来の智慧いかんでとらえられず、現在の状態でとらえられず、蘊・界・処をもってとらえられず、見・聞によってとらえられず、認識によってとらえられず、心・意・識によってとらえられず、分別・邪見によってとらえられず、生・住・滅によってとらえられず、紛争や遺棄によってとらえられず、記憶や熟考(作意)によってとらえられず、思考や考察によってとらえられず、などとながながと説かれたあと、さきの引用文がつづく。ここの念仏三昧は、仏陀の色身の相好を思念するという性格がうすれてしまって、まったく実相観の空三昧に傾斜している。これは『大集経』が、『般若経』の思想の影響を受けているためと思われる。[53] それはともかく、当面の問題は念仏と陀羅尼の関係であるが、いまのばあい、念仏とは、色像がいかなる概念をもってしてもとらえられないとする法空観で示されている。しかしそれにしてもチベット訳から推定して、原文には、念仏のかくとくとそれにともなう他の所得を示す一文にない「陀羅尼門」の語が、漢訳中に見られることは一考を要する。これはおそらく、原文テキストには、チベット訳のように「無碍智」とある語を「自在智陀羅尼門」と訳したものと思われる。右の漢訳は智厳・宝雲訳とされているが、異訳の竺法護訳ではこの部分は、[54]

　菩薩得二仏心定意一時、知二諸仏法一、衆相種好悉具足成道慧備悉、如来所レ宣諸菩薩等皆能解暢、則尋啓受諷誦通利、普能周備暁二諸仏法一。

となっている。チベット訳と同様、ここにも陀羅尼門に相当する訳語は見られない。この用例はさきの『華厳経』の「入法界品」の例とは反対に原文にはなかったと思われる陀羅尼が漢訳中に見られる事例である。右の資料は原文の梵本が存在せず、チベット訳だけで判断するもので、早急な断定は避けなければならないが、これも漢訳者の判断にもとづく念仏と陀羅尼の接近を示す一例である。

　それでは陀羅尼に念仏を補い訳したり、念仏を訳すに陀羅尼の語を付加するほど、両語は緊密なものかどうか。このような問題がかつて提供されたことはなく、はなはだ解明の困難な課題であることは確かであるが、以下両者が密接な関係をもって説かれる経典の用例を検討した上で、念仏と陀羅尼の本来的な内容がはたしてどこまで接近しうるかを考えてみたい。

　憶持の陀羅尼と念仏とが密接不可分に結びついている事例の一つは、『出生無辺陀羅尼経』（不空訳）および同経の一連の異訳経典における陀羅尼または持と念仏である。この経典の持（陀羅尼）については、かって何度かとりあげたことがあり、[55] そこでも注意したように、古訳の二経以外では持としての陀羅尼が音写されてマントラ（呪・真言）化しているために、そうなっていない『無量門微密持経』（呉支謙訳）と『出生無量門持経』（東晋仏陀跋陀羅訳）を中心に見ていく。[56]そこでは持句（陀羅尼句）として、まず仏陀のすぐれた特性（功徳）を示す一群の語句（光明・大勇・大名称・精進勇猛など）が出されていて、呉訳ではこれを行ずればすみやかに無量門に入り、微密持をえる、とされている。東晋訳では、一切智をえ、一切法を知らんと欲する者は、まさにこの門持を学び、この持句を学ぶべし、といわれている。そして両訳とも、問者の舎利弗が菩薩の清浄無量慧地を説かしむべし、と世尊に懇願している。このことから、持句にもとづいて仏陀の諸功徳を憶念するとき心が清浄となって、一切法を知る智慧がそなわり、無上正等覚にいたるというのが、この経の主旨である。したがって持とは、仏陀のすぐれた性格を自分のものとし、それにもとづいて仏陀と一体となり、悟りをえるということを意味している。そのことは右の一群の持句が列挙されたあと、東晋訳に、「此の善妙持は諸仏の所住なり」とあることによって知られる。これは持をえると、諸仏と同じ境地となるということを示している。これにつづいて、さらに仏は、「是の如く舎利弗よ、持を行ずる菩薩は数無数に於て以て分別せず、また所得なし。諸の断法に於て功徳を増進す。而も所作なく亦た不作なし、諸法の有合有離、有起有滅を見ず、亦た去来現在の知なし。亦た法の有力無力を知らず。念仏を修行して相好を念せず、種性を念ぜず、亦た眷属を念ぜず」、云々」とのべ、「舎利弗よ、是を執受一切諸法随順念仏と名づく。名づけて一切諸法所入無畏持門微妙句義と為す。」といっている。これは東晋訳であるが、呉訳では、「一切法行に於ける無受は名づけて念仏と為す。一切法の正帰と為すなり、是を無畏持義の蔵と為す。」という。そしてこの持を学ぶ者は、無上正真の道に不退転となる（東晋訳では阿耨多羅三藐三菩提において不退転となる）と結んでいる。このうち数・無数をもって分別しないとか、念仏を修しても相好を念じない云々とするのは、さきに見た『大集経』の「無尽意品」の教説との関連を思わせる。つまり空三昧の念仏の性格をもっている。いずれにしても、ここでは持すなわち陀羅尼が、まったく念仏と一致させて説かれていることが理解される。三世紀の支謙訳の経典において、このように持（陀羅尼）と関係した念仏の教説が見られるのであるから、[57]この事実は、インドでは二世紀の大乗仏教の興起直後から、念仏と陀羅尼とを同視する考えがあったことを物語っている。

大乗の最初期から念仏と陀羅尼が密接な関係をもって説かれていたとすれば、大乗の初期から中期にかけて成立した種々の大乗経典において、この両者が親縁な関係で結ばれているのはとうぜんである。『微密持』などほど明瞭でないにしても、これより以前の成立と思われる『道行般若経』や『般舟三昧経』（ともに支婁迦讖訳）において、見仏三昧や般舟三昧と陀羅尼がかなり接近した関係にあることも指摘できる。たとえば『般舟三昧経』（三巻）の「問事品」に、[58] 賢護菩薩が仏に、いかなる三昧をなして大海のごとき智慧をえるかを尋ねて、「般舟三昧」において予想される功徳をあげるなかで、陀憐尼（陀羅尼）門のかくとくが含まれている。その前後の教説は、菩薩がいまだ仏を離れず、仏を見ざることなく、つねに諸仏を念じて父母と異らないようであれば、諸仏の威神をえて悉く諸経をえ、明らかな眼が見るところ障害（罣礙）なく、諸仏が悉く前に立つ、とされる。それはたとえば、幻師が自在に諸法を化作するようなものである。法を成じるけれどもどこから来るのでもなく、どこへ去るのでもない。過去・未来・現在を念ずるに夢中のごとく、分身が諸仏刹に遍至すること日が水中を照すと影をあまねく見させるようなものであるなどと説く、そして仏を帰仰すれば一切平等にして、経中において悉く知るなどとのべられたあと、つぎのようにいう。

無レ所二復罣礙一、悉入二諸陀憐尼門一、於二諸経中一聞レ一知レ万、諸仏所レ説経悉能受持、侍二諸仏一、悉得二諸仏力一、悉得二仏威神一、勇猛無レ所レ難、行歩如二師子一、於二諸国土一、無二不レ用言者一、所レ聞者未三曾有二忘時一。

この陀憐尼門は諸経中の一を聞いて、万を知り、諸仏の説くところを悉く記憶（受持）するといわれているから、憶念・憶持の陀羅尼であり、それが、諸仏が三昧のなかでまのあたりに現前するという般舟三昧に摂せられている。このことは、見仏を目的とする般舟三昧（念仏）において、諸仏にまみえたのち授けられた教えを受持するということが陀羅尼門であることを示している、般舟三昧が、「悉く諸仏を見、悉く諸仏所説の経を聞く」ということを内容としていたために、諸仏の教説を完全に記憶して忘れない陀羅尼が、念仏三昧の自明の内容として包摂されたわけである。

六

支識訳の経典は、大乗の最初期に属する経典であると認められている。支識訳が確定している経典のうちで、『伅真陀羅所問如来三昧経』や『阿闍世王経』にも、般若波羅蜜と関係した陀羅尼(陀憐尼)が説かれている。したがって、空の思想が色濃く出ている右の『般舟三昧経』の陀羅尼(陀憐尼)と合せて、支識訳の経典にはことごとく、般若波羅蜜の空と関係する陀羅尼が説かれていることが分かる。『阿闍世王経』によれば、[59]陀憐尼は諸法を総持するものであるが、どのように持《たも》つかといえば、空・無相・無願と持ち、無所生・無所造、不来・不去、不信・不乱などと持つといわれる。これによっても理解されるとおり、『般若経』の影響のもとに成立した諸経では、陀羅尼は空・無相の諸法の実相(真如)を理解し、伝承する役割をになっていた。同じことは念仏三昧において教えられる経説の受持についてもいえるわけであり、聞法の内容が般若波羅蜜の空であったために、仏陀の相好を念ずる般舟三昧が空三昧へと深められていったと考えられる。

そのように、念仏も陀羅尼も空の般若波羅蜜の理解と伝承にかかわっていた。しかしこれまでの考察で明らかなとおり、念仏は原始仏教からあった教義であるが、陀羅尼は大乗になって初めて現れた教義である。その本来の意味は、ダーラナ(dhāraṇa 聞持)すなわち記憶・憶持であることが明らかであるから、陀羅尼はとくに大乗の教法を記憶して忘れしめない念力(記憶力)の意義と性格を有していた。その記憶の対象となる大乗の教法とは、説者たる仏によって与えられるものであったから、陀羅尼はかならず念仏を前提としたのである。また念仏も、それはたんに色身の相好を念ずるということだけに終るものではなく、値仏と同時に聞法を予想するものであったから、発生は異なっていたけれども、陀羅尼と念仏とはかならず関係しなければならないものであった。それゆえ陀羅尼は発生と同時に念仏と結びついたし、念仏もまた大乗にあっては、ただちに陀羅尼と関係したということである。そのことは右の検討で明らかなとおり、最初期の大乗経典から両者は密接に関係していることから理解される。すでに初期の段階で両者の関係は密接であったから、以後の大乗経典においても、両者は漢訳者が陀羅尼の語に念仏を補なって訳したり、またその逆も行われるほど分かちがたく結びついていった。以上の検討では、「入法界品」における念仏（三昧）の教説など、数例にかぎられたが、「入法界品」だけでも他にも同じ用例が指摘できるし[60]、上で指摘しなかった他の経典にも、念仏と陀羅尼の不可分の関係を示す別の用例を指摘することができる。たとえば四世紀に仏陀跋陀羅によって訳された『観仏三昧海経』には[61]、観仏三昧の念仏三昧によって仏を見、法を聞き、総持不失となることが凡夫念仏三昧と名づけられる。この三昧をえた者は、刹那刹那にかならず諸仏を見、念々に仏の説法すなわち大乗方等経典を聞く。そして一日一夜で通達理解する、父母生身の濁悪世に悩むとも、この念仏によって聞総持（陀羅尼）をえ、捨身してのちかならず見仏をえて、諸仏のもとで千万億旋陀羅尼をえる。さらにこの陀羅尼をえたあと、八十億仏の各々が右手をのばして行者の頂を摩して、汝はこの念仏のゆえに星宿劫を過ぎて仏となる、身相光明我と異なることなし、と決言したとされている。ここにも見仏の念仏と憶持の陀羅尼とが、値仏聞法の正覚の道として完全に結びついている。

以上、原始仏教の時代から連綿と続いている念仏の信仰または思想が、大乗仏教になってどのような理由で陀羅尼と分かちがたく関係するにいたったかを、若干の資料にもとづいて考察した。ここにとりあげた資料はごくわずかなものであり、これによってかならずしも所期の目的をはたしているとは思われない。けっきょく筆者は、大乗の念仏は歴史を越えて応現した現在仏に値見して、大乗の教えを聴聞し、正覚の記を授かるというのが基本であるから、そこには色身の仏陀にもう一度会いたいと念願する仏弟子たちの釈尊追慕の信仰が結実した一面と、それに加えて大乗教徒（菩薩）が現在仏に会うことで大乗の真理性を確認したい気持がはたらいていたと思う。後者の真理性の確認は、理論的なものであるから、最初から大乗教徒によって明瞭に意識されていたとはいえないかも知れない。それはおそらく、大乗が興起したときからあったわけではなくて、般若波羅蜜の空を小乗から分離した大乗独自の教理であることを明確に意識し、「大乗」を宣言し始める時期において出てきたと思われる。そしてまさしくその時期に、陀羅尼が出現したのではないかと考える。

仏陀の色身に一目会いたいとの仏弟子たちのひたすらな願いに応じて念仏の教義は展開されたが、その念仏も大乗になると、とたんに実相の真理観の色あいを濃くする。念仏にもとづいて教えられる教説が、般若波羅蜜の真理であったからであるが、私見によればこの般若波羅蜜の聞法こそ、念仏と陀羅尼が結びついた決定的要素であったと思う。

以上の考察でもふれたように、陀羅尼は憶持のダーラナ（dhāraṇa）が無限の記憶力をそなえる女性名詞のダーラニー（dhāraṇī）に発展したものである。それは記憶を本質としていたから、念仏の念（anusmṛti）と本来的に同内容を有していた。そのことは、大乗の経論で陀羅尼が説明されるときには、かならずその意味の第一番目に念（smṛti）があげられることでも分かる。[62] しかしその陀羅尼の記憶とは教説・教法の記憶であって、仏陀の具体的な色身の相好を念ずることではなかったはずである。なかったはずというのは、大乗の念仏は、最初は色身の相好を念ずることから始まり、のちには空三昧に深められたから、その空観にまで深められた念仏は、空の教法の憶持である陀羅尼と何ら変るところはないためである。きわまるところ空三昧の念仏が、般若波羅蜜の憶持で出発した陀羅尼と結びつくことは、きわめて自然なことであった。さらに念仏が聞法を内容としていたことが、これにいっそう拍車をかけたとも考えられる。

それとここではふれなかったが、陀羅尼は大乗の真理性を確認するのにもっともふさわしい概念であった。なぜかといえば、記憶とは、いま聞いたことを忘れずに未来に保ちつづけるということと同時に、過去のことも忘れずに覚えていることであるから、過去から現在へ、現在から未来へと永遠である真理を確認し、保証するのに、陀羅尼ほど適した言葉は他にない。たんなる記憶というだけであれば、心所法の念も古くから知られていたが、陀羅尼には善法を持《たも》つ力（不相応行法の得）があると同時に、悪法を遮す力（同じく非得）があるとされるように、[63] 非精神作用的な性質を含んでいた。その他にも陀羅尼は、心所法の念だけでは律しきれない多くの性格を含んでいる。陀羅尼を用いることによって、従来のわくをこえた新しい要素とか内容をそこに盛り込む必要があったわけである。ようするに陀羅尼は、大乗教徒が自らこれを考案し、独自の教義の真理性の保証と伝承のために採用した、と考えても誤りはない。この大乗の永遠の真理を示すに適していた陀羅尼と結びついた念仏も、同じ意義を有していた。上述のとおり、大乗の念仏もまた、歴史をこえて永遠であり、かつ普遍である現在仏を念ずることである点、真理性の確認を体とする陀羅尼とは、本質的に異なる教義ではなかったからである。

なお念仏と陀羅尼の関係については、もう一つ解明されなければならない重要な課題がある。それは念仏も、陀羅尼も、ともに前者は観念の念仏から口称の念仏へと発展し、後者もまた、憶持の陀羅尼から口密の真言へと発展する。その全過程を、それぞれ追求して考察を加えなければ、真の念仏と陀羅尼の解明にはならない。本論稿においても、当初はそこまでの検討を考慮していたが、けっきょく触れずじまいで終ってしまった。不十分な感はいなめないが、この課題については、後日別の機会に改めて論じたいと思う。

注

① *Ariyapariyesana-sutta*, PTS (1964), MN. I, p. 171～172. 中村元『ゴータマ・ブッダ（釈尊伝）』（法蔵館、昭三三）、一三二頁。
② 中村元　同右書、一三三、三〇七頁。
③ *Anussati-vagga*, PTS (1900), AN. V, p. 329. ただし玉城康四郎「仏教における仏の根源態」『仏の研究』（春秋社、昭五二）五二頁による。

④ 玉城康四郎博士の説、右論文五四頁。

⑤ yo maṃ passati so dhammaṃ passati, dhammaṃ (hi Vakkali) passanto, maṃ passati, maṃ passanto dhammaṃ passati, *Khandha-saṃyutta*, PTS (1960), SN. III, p. 120. 中村元 前引書、一六六頁。宇井伯寿『印哲研究第四』(岩波書店、昭四〇) 一三八頁。

⑥ SN. ibid., p. 50. 宇井伯寿同右書、一三三頁。

⑦ 平川彰「法宝の法意味」仏教研究六 (昭五二)、二〇頁。

⑧ V. Trenckner; *The Milindapañho*, PTS (1962), p. 70. 中村元・早島鏡正訳『ミリンダ王の問い1』(平凡社、一九六三)、一九七頁。中村元『インド思想とギリシャ思想との交流』(春秋社、昭三四) 一六一〜一六二頁 (略称『交流』)

⑨ Trenckner, p. 70. 中村元他和訳、一九八頁、中村元『交流』、一六二〜三頁。

⑩ Trenckner, p. 70. 和訳、一九九頁。中村元『交流』、一六三頁。

⑪ 『ミリンダ王の問い』は、西紀前二世紀後半に西北インドを支配していたギリシャ人の国王ミリンダ Milinda (=メナンドロス Menandros) が、仏教僧のナーガセーナ (Nāgasena) 長老と対談し、仏教々理について教えを受けたことを対話の形式で述べられている。中村元『交流』、一〇頁。

⑫ Trenckner, p. 71. 和訳一九九〜二〇〇頁、中村元『交流』、一六四頁。

⑬ 中村元『交流』、一六四頁。

⑭ Trenckner, p. 73. 和訳二〇六頁、中村元『交流』、一六六頁。

⑮ 高田修『仏像の起源』(岩波書店、昭四二)、三八頁以下。

⑯ 高田修　同右書、六一頁。

⑰ Trenckner, p. 73. 和訳二〇六〜七頁。中村元『交流』、一六七頁。

⑱ Trenckner, p. 80. 和訳二三七〜八頁。中村元『交流』、一九一〜二頁。

⑲ 中村元『交流』、一九二頁。

⑳ 陸道歩行則苦、水道乗船則楽、菩薩道亦如是、或有勤行精進、或有以信方便易行疾至阿惟越致者　大正蔵二六、四一中。

㉑ 中村元『交流』一九三頁。

㉒ 大正蔵二六、四二下〜四三上。

㉓ 同右、六八下、桜部建「念仏と三昧」『仏教思想論集』(昭五一)、八九三頁。

㉔ 同右、六八下。

㉕ 或有謂、帰二依仏一者、帰二依如来頂腹背、及手足等所合成身一、今顕二此身父母生長一是有漏法非二所帰依一。大正蔵二七、一七七上。ただし、平川彰「大乗の仏陀観と仏像の出現」『大乗仏教から密教へ』(春秋社、昭五六)、三一～三二頁。平川博士によると、ここにいわれる法身は悟りを成ずる法、すなわち悟りの智慧を中心とする「五分法身」である。同書三二頁、いまのばあい有部の立場に対比された生身が認められていない。なお平川博士はこの論文で大乗の仏陀観と仏像の出現を論じられ、応身仏の思想が仏像の発生と関係あり、とされる。

㉖ 大正蔵四九、一五中(『異部宗輪論』。

㉗ *Divyāvadāna*, ed. by P. L. Vaidya (BST No. 20, 1959) pp. 225f. 大正蔵五〇、一一九～一二〇上(『阿育王伝』)、一六〇上～下(『阿育王経』)。田村芳朗「法と仏の問題」『仏教における法の研究』(春秋社昭五〇)、三八〇頁。

㉘ dhigastu tāṃ niṣkaruṇāmanityatāṃ bhinatti rūpāṇi yadidṛśānyapi/
śarīramidṛkkila tanmahāmuneranityātāṃ prāpya vināśamāgatam// (*Divya.*, p. 227)
咄哉無常　無悲愍心　能壊如是　上妙色身(大正蔵五〇、一一九下)。
無常無慈悲　破壊如来色　如来無常故　滅色入涅槃(同右一六〇中)。

㉙ *Divya.*, p. 227. 大正蔵五〇、一二〇上、一六〇下。

㉚ 山田龍城『大乗仏教成立論序説』(平楽寺書店、一九五九)、一三八頁。

㉛ 『法華経下』(岩波文庫、昭四二)、一〇頁以下、岩本裕『インド仏教と法語経』(レグルス文庫、一九七四)、四八頁以下。平川彰前引論文、四〇～四一頁。

㉜ 大正蔵一六、四〇五中～下(『金光明最勝王経』「如来寿量品」)。

㉝ 注㉖参照。

㉞ 大正蔵四九、一五下。ただし山田龍城　前引書、一六二頁による。

㉟ 影印北京版三二、一〇五―三―八～四―一、大正蔵一三、八七六中、八九九中、九〇五中、

㊱ たとえば『金光明経』の説、大正蔵一六、四〇八中(「分別三身品」)。長尾雅人『中観と唯識』(岩波書店、一九七八)、二七三頁。

㊲ 大正蔵八、四七一中、四七三中（『道行般若経』）。同五〇四中、五〇五中（『大明度経』）。
㊳ 桜部建　前引論文、八九三～四頁。
㊴ 本書七～八頁。
㊵ 大正蔵二五、七五七中（『金剛般若論』）。梶山雄一「塔・仏母・法身」密教学一三・一四号（昭五二）、五二頁。
㊶ 本書十二～十三頁参照。
㊷ *Aṣṭasāhasrikā Prajñāpāramitā*, ed. by P. L. Vaidya (BST. No. 4, 1960) p. 48. 梶山雄一訳『八千頌般若経Ⅰ』大乗仏典2（中央公論社、昭四九）、一二七頁以下。
㊸ *Aṣṭasāhasrikā*, p. 253. 梶山雄一他訳『八千頌般若経Ⅱ』大乗仏典3（中央公論社、昭五〇）二一五頁。
㊹ 梶山雄一　前引論文、五〇頁、田村芳朗　前引論文、三八一～二頁。
㊺ 薩芸若、怛薩阿竭阿羅呵三耶三仏従般若波羅蜜中出生（『道行』大正蔵八、四三五下）。過去如来皆従中出自致成仏、甫当来及十方無数仏刹現在諸仏亦従中出（『大明度』同四八五下）。薩芸若慧、怛薩阿竭阿羅訶三耶三仏、為従般若波羅蜜出（『鈔経』同五一七下）。
㊻ 注㊲参照。
㊼ 『仏地経論』（大正蔵二六、三二六上）。『成唯識論』（大正蔵三一、五八中～下）の説、長尾雅人前引書、二七六頁。
㊽ この四身説は『楞伽経』にもとづき不空が創説したとされている。干潟龍祥「四種法身（自性、受用、変化、等流）と三輪身（自性、正法、教令）の創説者について」鈴木学術財団研究年報五―七（一九六八～一九七〇）、一頁以下。
㊾ 鈴木大拙・泉芳璟校訂『梵文華厳経』（鈴木財団、一九四九）六〇頁、大正蔵九、六九〇上、同一〇、三三四中。
㊿ 大正蔵一〇、六七九下。
(51) 大正蔵一三、一八六下。影印北京版三四、三九―一―二～四。
(52) 大正蔵一三、一八五中～一八六下、影印北京版三四、三六―五―三～三九―二―二。
(53) 『国訳一切経』大集部一（大東出版社、昭五）、解題一七頁
(54) 大正一三、五八六上。
(55) 本書一一八頁以下、八八頁以下参照。
(56) 大正蔵一九、六八〇中～下、同六八二中～六八三上。

㊼同じく支謙訳とされている『華積陀羅尼神呪経』にも、陀羅尼（このばあいは呪）と念仏との深い関係が認められる。本書一六〇頁参照。

㊽大正蔵一三、九〇三下〜九〇四中。

㊾大正蔵一五、三九八中。

㊿たとえば解脱長者のもとでの無辺旋陀羅尼門、鈴木本七九頁、大正蔵九、六九四中、同一〇、三三九上。
(61)大正蔵一五、六九二下。
(62)本書七七頁以下。
(63)『大智度論』によれば、陀羅尼は能持と能遮の意味があり、能持とは種々の善法を集めて散失せしめないこと、能遮とは不善根心を遮って生ぜしめないことであるとし、この陀羅尼は心相応でもあり、心不相応でもある云々と説く。大正蔵二五、九五下。平川彰『初期大乗仏教の研究』（春秋社、昭四三）、二三七頁。松長有慶『密教経典成立史論』（法蔵館、昭五五）、九〇頁。

初期大乗経典の親近善知識

一

仏教では、小乗・大乗を問わず善知識（kalyāṇamitra 善友）が尊敬され、あらゆるところで善知識によって正法が護られ、正智に導かれることが強調されている。大乗では最初期の経典から、善知識の地位が高く評価され、仏に等しい存在とされている。善知識はしばしば法師（dharmabhāṇaka）と同一視されている。大乗が興起した当時から、法師である善知識が大乗の宣教や伝承に大きな役割を演じたことが推察される。

『小品般若経』の「深心求菩薩品第二〇」[①]では、諸仏世尊は菩薩に般若波羅蜜を教え導くから菩薩の善知識であるとされている。つづいてまた六波羅蜜が菩薩の善知識であるとされ、同じく六波羅蜜は菩薩の大師（śāstṛ 教師）であり、道（mārga）であり、光明（āloka）であり、炬（ulkā 炬火）であるとのべられたあと、過去の諸仏は皆六波羅蜜より生じ、未来の諸仏、現在十方無量阿僧祇の世界の諸仏および三世諸仏の薩婆若（sarvajña 一切智）も、すべて般若波羅蜜より生ずるとされている。ここでは般若波羅蜜を教える諸仏が善知識であるとされているが、この諸仏は過去仏や未来仏、さらには現在の十方諸仏を指しているから、善知識の概念も広い意味で使われている。そのことは、つづいて六波羅蜜を善知識としている点にも窺われる。諸仏を生じさせる六波羅蜜とは、いわば諸仏の根源体であり、それは仏母の般若波羅蜜と同じ意味でいわれている。そのことは、右の箇所を『八千頌般若経』[②]や『大品般若経』[③]で見ると、六波羅蜜が善知識でありないし炬であるとされる部分が増広されて、そこに六波羅蜜が母であり父であるとの説明がなされていることから理解される。

仏母にも比すべき善知識を法師とくらべてみると、法師が大乗の経文を読誦して、教えを広めるという、文字通りの説法師の実像がリアルであるのと対照的である。善知識はもともと広い概念を包摂しているために、特定の対象を限定しにくい面をもっている。そのため経典の用例でも、親属と並べて身近かな親友の意味でも使われている。親友はときには教師ともなって友をいさめ正しい道を教えるであろうから、人生の教師からさらに進んで法の師となり、ここから菩薩の善知識が生まれたものと思われる。菩薩の善知識は直接には同じ法の道を歩む菩薩であることはもちろんであるが、法の善知識であるから間接的には法の師すなわち仏であり、さらには仏を仏たらしめる法そのものであることになる。六波羅蜜が善知識であるといわれるのはそのためであろう。このように、善知識は本来身近な親友を指し示す言葉であるが、仏教語としては当初から仏や法の理念的な意味を包含していたのである。とくに大乗では、仏といえば歴史上の一仏の釈尊を指すのみならず、右の『小品』に見られるように過去・現在・未来の諸仏を同時に意味していたから、法の教師である善知識が普遍的な概念をになうことはきわめて自然のなりゆきであった。

善知識とはそのように、普遍的な仏陀、とくに現在仏にかわる菩薩の教師という性格をつよくもっていた。それは大乗になって現在他方仏にたいする信仰が強調され、現在仏に値遇してその教えを直接聞くことが、大乗教徒の主要な関心事であったことと関連している。しかし現在仏に値遇することは、大乗教徒にとって大きな試練を要することであった。過去世から無量の諸仏に逢事して善根をつみ、不惜身命の菩薩行に徹した不退の菩薩のみがはじめてその資格をかくとくすることができるものである。

般若波羅蜜が永遠であれば、それを説きつづける仏陀も永遠であり、過去から現在、現在から未来にかけて無数に存在している。同時に般若波羅蜜を聞きうる者もまた、永遠でなければならない。もし聞く側に断絶があるならば、般若波羅蜜の真理性を疑い、恐怖感をもつこととなる。『大品般若経』の「聞持品第四五」によると[4]、般若波羅蜜の甚深相は難見難解で思量を超えており、新発意の菩薩の前では説くべからずとされている。新発意の菩薩が般若波羅蜜を聞くと、驚嘆して心に疑惑を生じ、信ずることも行ずることもできないためであるが、そのため般若波羅蜜は不退の菩薩の前で説くべきであるといわれている。また不退の菩薩であれば、久しく意を発して六波羅蜜行を行じ、諸仏に供養して善根を植え、善知識とも相随しているから般若波羅蜜を聞いても驚かず、怖がらず、畏れない。このような菩薩が般若波羅蜜を受持して、ないし憶念すれば、まさしく近い将来阿耨多羅三藐三菩提をえるための記を受けるであろうといわれる。ここでの新発意の菩薩とは、いまはじめて般若波羅蜜の教えに接して大乗の菩薩たらんとする人である。この人は現時点において般若波羅蜜に接することができても、過去と断絶しているために般若波羅蜜にたいして恐怖感をもち、不信の念が去らない。これにたいして、久発意の菩薩は過去世から無量の諸仏を供養し、六波羅蜜を行じるなどの善根によって般若波羅蜜が身にそなわり、不離一体となっている。この菩薩に阿耨多羅三藐三菩提の記が授かるといわれるのは、久発意の不退の菩薩にしてはじめて現在仏に値遇して、作仏の記がえられるということを示している。ここにおいてわれわれは、般若波羅蜜の大乗の法門が永遠であるの同じ意味において諸仏が永遠とされ、その永遠性と一体でありうる者が諸仏に値遇して、法を聞く資格をもつ者となることを理解する。

二

このように現在仏に値遇することは、同時に大乗の法門の真理に通達し、大乗のさとりが約束されることであった。その真理が深遠であり、さとりが至高であるがゆえに難値難見であるの道理である。それは別の言葉でいえば、大乗の信解の純粋性を確立する立場でもあった。諸仏は普遍であるけれども、大乗の信解が定まっている者にしか、それは現前しないわけである。こうした大乗教徒の自覚や信解の高まりが、また、諸仏や法にたいする真理観をいっそう深める結果となり、大乗独自の教義の進展のなかで諸仏や法の根源である法身や法界の仏身、真如観が立てられていった。

最初にのべたように、菩薩の教師としての善知識は諸仏であると同時に法の意味ももつが、諸仏や法が難値難解であるのは事実であり、ましてやそれが法身や法界の絶対の世界を指示するにいたっては、善知識は現実の相対の世界と絶対の世界とを結ぶ橋渡しの役割をはたすものといえる。『華厳経』の「入法界品」の善財童子を導く善知識がまさしくそれであり、そこで善知識は、教主の毘盧遮那仏のさとりの世界へ善財を導く法の教師となっている。

初期大乗の仏身観では法身と色身の二身説がみられるのみで、いまだ自性身（法身）、受用身（報身）、化身の三身説は現れていない。たとえば『般若経』『法華経』『華厳経』の仏身のごときも、それぞれ力点に差異はあるものの、法身と色身の二身のみで、報身の仏陀は明瞭に説かれていない。小品系の般若経では、⑤色身と法身が対比されて、空無相の立場から法身が強調されている。しかし『大智度論』によると、⑥法性身と父母生身の二種の仏身があげられている。法性身は十方虚空に遍満して無量無辺であるが、同時に色像端正にして、相好をもって荘厳され、無量の光明と無量の音声ありとされている。このばあい法を聴く衆もまた虚空に満ちているが、この衆は法性身で生死人ではないといわれている。このような仏陀観には、普遍的真理である般若波羅蜜を説く仏陀が想定されている。そのような永遠の仏身を見、法を聴聞する者をもまた法性身であるとするのは、諸仏の真実の世界に入り、その法を聞きうる者を限定する思想にもとづく。すなわち、そこでは大乗の信解や願行のない者は除外されている。しかし大乗の信解が定まり、願行の進んだ者には仏陀はその姿を現わす。そこに願生身の仏陀すなわち現在仏が予想されるわけである。

現在の諸仏は大乗教徒のいま一度仏に会いたいとの願いに応じて出現するにいたったと考えられる。しかし歴史を越えて現在に出現する普遍的な仏陀である以上、その仏陀に値遇しうる者は、きびしい条件をみたすことが必要であった。すなわちそれは、久修習の不退の菩薩にしてはじめてかなえられることである。したがって、いまだ大乗の信解が定まらない凡夫や、六波羅蜜の修習が未熟な者にとってみれば、現実身の肉眼では見ることができない現在仏にいかに値遇しうるかが問われていた。そこでそのような者のために、現在仏にかわって大乗の法門を伝達する法師とか、善知識が必要になるわけである。とくに善知識は、難見難値の現在仏にいかに値遇してその法門に接しえるかを一般に教える、きわめて身近かな世の教師の性格と役割をになっていた。

「入法界品」の善財童子と五十四人の善知識の物語はあまりにも有名であるが、般若経においてこれに類同するものとして、常啼（Sadāprarudita 薩陀波崙）菩薩の求道物語があげられる。この物語は、常啼菩薩とその師であり善知識である法上（Dharmodgata 曇無竭）菩薩と同名の二品で構成されていて、それらは小品および大品系般若経のいずれにも経の末尾に置かれている。このことからこの物語の二品は、小品系の般若経の原型ができたあとで付け加えられたものではないかと推定されているが、[7]般若経の最古の漢訳である『道行般若経』にすでに見られるところから、小品系般若経の成立時（西紀約一世紀中葉）から、般若波羅蜜の求道物語として般若経のなかに採用されていたものと思わる。

その物語の内容は、すでに先学者の研究によってくわしく知られるところであり、[8]改めて論ずるまでもないことであるが、話の大筋は般若波羅蜜の教えをつよく求めていた常啼菩薩が空中から如来の声を聞き、東方のガンダヴァティー（gandhavatī 衆香）市の法上菩薩を尋ねるようにと諭され、その声に励まされて不惜身命の努力をして、ついに法上菩薩に会って般若波羅蜜を教授されるというものである。

如来が法上菩薩を訪ねよ、と教えてガンダヴァティー市の有様や法上菩薩の邸宅の様子をくわしく説明したときに、常啼菩薩は一切の如来を見るという三昧（見十方諸仏三昧）[9]を実践する。そしてその三昧のなかでまみえた諸仏に、菩薩が自分の善知識が誰であるかを尋ねると、如来は、法上菩薩こそ常啼菩薩を過去世から今日まで無上のさとりを成熟するように導き、般若波羅蜜を教えてきた守護者であり、善知識である。汝はその恩を知り、恩義に報いるべきであると語っている。ところで右の三昧のなかでまみえる諸仏は、常啼菩薩が三昧から出ると姿を消してしまう、そこで定中でみた諸仏はどこから来られ、どこへ去ったのかという質問を法上菩薩に会って提出することが、この物語の展開上の一つの重要なモメントとなっている。[10] 法上菩薩はそのことを常啼菩薩に聞かれたときに、如来はじつはどこから来られたのでもなく、どこへ去られたのでもない。真如は不動であって、真如こそ如来である、という内容の空の教説を示すのである。

三昧のなかで忽然と姿を現わした如来が、定後に消え去っていて、それにもとづいて空の教説が示されるという筋書は、般若波羅蜜の空を主題とする般若経にふさわしいものであり、相当の効果をもたらしている。ここで同時に注意したいことは、三昧のなかで如来に値遇した常啼菩薩が、善知識の法上菩薩を指定されるという設定である。この物語の常啼菩薩は初発意の菩薩と思われる。しかしたとえ三昧のなかでではあっても、現在仏に値遇しえたということは、その時点でかの菩薩は普遍的な諸仏の世界に足を一歩踏み入れている。すなわち常啼菩薩が善知識を指定されることによって、自らは不退の行を決意し、諸仏からは無上のさとりを約束されるにいたったということができる。そのことは、かの菩薩がのちに如来の指示のとおりに法上菩薩に会って不来不去の空（般若波羅蜜）を教えられ、ついに無上菩提を確信することとでも分かる。[11]

後述するように、「入法界品」では、初発意の善財童子に各善知識を歴訪せよと教えるのは文殊菩薩で、この菩薩が第一番目の善知識ともなり、善財の後見役をしている。しかし右の「常啼菩薩品」では、如来が直接空中から声を出して、善知識の法上菩薩を指示している。この声の主は、『八千頌』では如来の形像（tathāgata-vigraha）となっているが、[12]『道行』『小品』『仏母』ではそれぞれ化仏、仏像、如来形像と訳されている。[13]『道行』の化仏の原語は比定しがたいが、おそらく nirmāṇa のごとき語は使われていなくて、tathāgata-vigraha を化仏と訳したものと思われる。『道行』では、その化仏が三十二相を具えているといわれている（『大明度』も同じ）。[14] 三身説をもち出すことは適当でないかもしれないが、三十二の身好は後世受用身についてのみいわれるものである。[15] またtathāgata-vigrahaは、『法華経』では「見宝塔品」などに、教主（釈迦）の分身である十方諸仏を指す用語として使われている。[16] このことから見ても、常啼菩薩を教導する声の主は十方諸仏の一人を意味している。それが身好をそなえてかりに姿を現した如来とされているけれども、現在十方仏であるかぎり、この色身は相対的な現実を超えた永遠の仏身である。定後の常啼菩薩の前に姿を現さないのは、そのためである。ともかく三昧のなかで現れる化仏には、普遍性と具体性の両面が予想されている。しかしこの仏身は、いまだ普遍・具体の両面において個々の主体性が確立されていない。いまはその現実的な面での主体性を補うものが善知識であるということである。

三

このように初期大乗の善知識には、普遍的な現在の十方諸仏が予想されている。すなわち普遍的な現在仏は、具体的な善知識をまってはじめてあらわになるという面が認められる。このため大乗では、現在仏の信仰と相俟って、善知識への親近がことさら強調されるようになったものと思われる。

現在仏の信仰を支えるものの一つは、現在諸仏をまのあたりにみる般舟三昧（pratyutpanna-buddha-sammukhāvasthita-samādhi）である。先述の常啼菩薩の「見十方諸仏三昧」も、この三昧と等しいものと見てよいであろう。[17] 三昧において現在仏に値遇するということは、三昧において現実的な生身が歴史を超えて現在の十方諸仏としてよみがえることである。それは、歴史上の釈尊にたいする追憶に終始するものではない。たんなる追憶であれば、釈尊一仏のままで他の諸仏は生じる余地はない。現在仏とは、歴史上の釈尊が普遍化して歴史を超越すると同時に、現に十方国土において法を説かれている大乗の仏陀である。しかし普遍的であり、超越的であるがゆえに、現在仏であってももはや人間の肉眼では見えない存在となっている。現在仏の阿閦仏や阿弥陀仏は、大乗教徒のいま一度仏陀に会いたいとの願いに応じた願生身であるだけに、願いのない者には見ることができない。願いそのものが現実を越えているためである。したがって、三昧のなかでのみ諸仏は願いのある者にその姿を示現するということである、「念仏三昧」においてのみ、人は普遍の仏陀にまみえることができる。般舟三昧における諸仏の現前がそれである。

般舟三昧を説く経典には、善知識の親近も強調されている。たとえば『般舟三昧経』には、[18]般舟三昧をえるための四法の一つに親近善知識があげられている。また同経には、[19]般舟三昧をえようとする者は、法師(善知識)にたいして仏と同じ想いを抱いて尊敬承事すべきことが説かれている。そしてもし仏と同じ想いをおこさないならば、ついにこの三昧を証しえないとされている。同時にまた、[20]過去仏に親近承事して善根を積み、三昧を受持、読誦、広説するなどして信心を生じ、持戒堅固であればこの三昧をえるが、もし承事したとしても(チベット訳「承事せず…」)我慢や嫉妬や利養名聞によって導かれたり、戒を持せず、修禅せず、智恵をえず少聞で善師につかず…などの人は般舟三昧をえることができないとしている。

『般舟三昧経』にはまた、[21]見仏に三因縁ありと説かれている。第一が般舟三昧で、第二は仏の加持(anubhāva)、第三は自身の善根成熟である。これは般舟三昧にいたるまでに自身の善根成熟があり、さらに諸仏の護念があってはじめてその三昧が有効となることを示している。自身の善根成熟に加えて諸仏の護念が必要であるとされるのは、大乗の信が強固で行が完全である者には、諸仏の現前を導く直接または間接的な仏力がはたらくことが暗示されている。そこには、とうぜん善知識の導きが含まれているとみて差し支えないであろう。

『華厳経』の「入法界品」の善財童子の求道は、いままさに大乗の信をおこした初発意の一求道者が、善知識に仏陀に値遇するための菩薩行を学ぶ旅であった。「入法界」の法界とは、教主毘盧遮那仏のさとりの世界であるといえるが、そのさとりが現在仏に値遇することによって教示される法の内実である。その法が教示される場は、十方の仏国土から来集した菩薩が一処に会する法座(parṣanmaṇḍala 会衆輪)であるから、「入法界」とは、現在仏の法筵に連なることが前提となっている。「入法界品」の冒頭で、善財童子が登場する以前に諸仏菩薩の来集が描写されるときに、その諸仏菩薩の集会の様態を、声聞行に満足して声聞果を求めんとしている人たちには見ることができないということが、種々の喩例で説明されている。その一例をあげると、[22]声聞者たちには宝の大鉱脈のような大いなる菩薩の集まりを見ることができないとされ、それはかれらが一切智の所対治である不純な無明で智慧の眼が閉ざされていて、かの無障碍の菩薩の智恵の眼のように清浄となっていないためである。かれらは、法界と相互に渉入することと適合していない。それゆえ、かの不可思議なる如来の三昧中〔に現じた〕この上ない神変の奇瑞を見ることができない、といわれる。このあと衆中の文殊菩薩が仏の加護をうけて南方の人間界に趣き、善財童子に会い、自ら第一の善知識となって菩薩行を勧めるという展開が見られる。このような展開を考慮するとき、善財が目指す法界とは、声聞者に見られなかった諸仏の集会と、そこに展開される種々の神変つまりは大乗法の不可思議真如ということになる。その真如法界の開顕が善財に課せられた究極の課題であったわけであるが、文殊に会う以前の善財には閉ざされていた諸仏の真実の世界を知見する手だてが、いま文殊菩薩によって与えられたということである。法界にいたる行の開始にあたって、文殊菩薩は善財童子が、[23]

過去の諸仏に仕えて善根を植え、信解を増大し、善知識に親近する心をもち、身語意業を誤りなく行じ、清浄なる菩薩道に専心し、一切智を求め、成仏の器となり、心は虚空のように清くして、無碍の菩提心を完成している。

又知此童子、已曽供養過去諸仏、深種善根、信解広大常楽親近諸善知識、身語意業皆無過失、浄菩薩道求一切智、成仏法器、其心清浄猶如虚空、廻向菩提無所障礙。

とのべている。ここには菩提心を発したのち菩薩道に進みうる者の資格が、明解に提示されている。ここにのべられるような菩薩の資格をそなえた善財にして、はじめて十方の諸仏にまみえ、作仏の記が授けられるのである。文殊菩薩はこのあとかれにたいして、一切の仏法の集積（sarvabuddhadharma-samudaya）と一切諸仏の相続（sarvabuddhānantatā）と一切諸仏の相互の応現（-paramparāvatāra 次第）と一切諸仏の清浄の集会（-parṣanmaṇḍalaviśuddhi）と一切諸仏の法輪と涅槃の荘厳と一切諸仏の清浄の相好と一切諸仏の法身成就（-dharmakāya-pariniṣpatti）の一切の仏法にかんする法を説き示す。そして善財童子に、「汝はすでに無上菩提心を発し終えたから、今より善知識に親近供養して、菩薩行をいかに修すべきかを尋ねなさい」[24]と諭している。そして諸々の善知識について親近し尊敬し恭敬することが、一切智性を完成するために最初に必要なこととされている。

四

ここに説かれている善根の修すべき項目が、こののち多くの善知識から受ける教えの内容と一致を見ることとなる。つまり善知識のもとで教授される入法界の菩薩行とは、過去より現在、さらには未来にわたって永遠であるさとりの世界を、現在十方の諸仏に値遇することによって確認するしかたを学ぶことであり、同時にその不可思議なる如来のさとりの風光にいかにしてふれ、自らの体験となしうるかを善知識の体験を通して学ぶことであった。

このことを念頭に置いて善財童子の求道遍歴を見ていくと、各善知識の体験談や教説内容が、ことごとく諸仏にいかにしてまみえその教えに接するかという、いわゆる念仏または見仏の習得にかんするものであることを理解する。その一端を窺うと、第二の徳雲比丘（Meghaśri-bhikṣu）のもとでは、一切諸仏を憶念し、一切の仏法を能持するという念仏門が教えられる。それはつぎのようにいわれる。[25]

善男子よ、私は信解の力によって智恵の眼と浄信の眼が清らかであるから、すべてをまのあたりに見る智恵の光明によりあらゆる面をくまなく見つめ、何の障害もない知見によって、一切の覆障を離れてあまねき境界を巧みに観察して、あまねく眼の対境を清め、清浄なる身体により一切の仏国土の辺際に往詣して身を屈して、恭敬して、一切の諸仏の法雲を能持する陀羅尼（dhāraṇi）の力をそなえて、十方の仏国土にいます諸如来と対面する。すなわち東の方向に一人の如来を見、二人をも、十人をも、百仏をも、千仏をも、十万仏をも、一倶胝の仏をも、百倶胝の仏をも、千倶胝の仏をも、十万倶胝の仏をも、十万那由他の仏をもないし無量・無数・不可思量・無等・無比・無境界・不可量・不可説の如来を見る。

同様に、南西北方、四維、上・下の諸仏について、その色相や神通、衆会の荘厳道場（parṣanmaṇḍala）、種々の仏国土、寿命などを見る云々、と説かれている。そして以上のような一切〔諸仏〕の境界を憶念する智恵光明普見（sarvārambaṇavijñaptisamavasaraṇāloka）の念仏法門をえおわったけれども、なお一切の諸仏および仏国土の荘厳を見る智光普照念仏門（samantāvabhāsamaṇḍalabuddhānusmṛtimukha）などの念仏門をかくとくするためには、つぎの善知識を訪ねるように諭している。すなわち具体的には、[26]右のほかに、望みのままに如来を対象化して見ること清らかであることによる一切世界を現出する念仏門切衆生念仏門）、如来の無量の十力にしたがう十力を現出する念仏門（sarvajagatsamāropitabuddhānusmṛtimukha 一安住力念仏門）、法を聴聞するしかたで一切如来の身雲を見ることによる法雲を現出する念仏門（daśabalasamāropitabuddhānusmṛtimukha abuddhānusmṛti 安住法念仏門）のかくとくが、つぎの海雲比丘（Sāgaramegha-bhikṣu）の教えのなかに含まれるとされる。

念仏門にかんしては、この海雲比丘の教説がもっともくわしいが、他の善知識の教えのなかにも濃淡の差はあるものの、仏国土に往詣して諸仏に値遇することの記述が多くみられる。他の一例を見ておくと、第六番目の解脱長者（Muktaka-śreṣṭhin）のもとではつぎのように説かれている。[27]

解脱長者はそのとき、一切仏刹を摂するという無辺旋陀羅尼門（anantāvarta-dhāraṇi）をはじめとする菩薩の三昧門を成就して、過去の善根力や如来の加持力や文殊師利童真の憶念力や智恵の光明の摂受を具足した。そのとたんに解脱長者は色身清浄となり、その身清浄によって十方の十仏刹の極微塵数の諸仏世尊と仏国土の清浄がともない、衆会道場・光明清浄・過去の（善）行の蓄積・仏陀の神変・請願の資糧・出離行の清浄荘厳・現等覚の顕現・転法輪の専心・有情の成熟・法の究竟がともない、（これらが）身中に遍満・浸透して示現した。これは善財童子が解脱長者に菩薩行を質問したときに、最初に示される長者のさとりの内観とでもいうべきものである。ここで念仏門に相当するものが、無辺旋陀羅尼門とされているのが注意される。念仏門と陀羅尼門とが親密なことは、さきの海雲比丘の念仏門の教説のなかでも一切諸仏の法雲を能持するという陀羅尼が説かれていたことにも表われている。陀羅尼は諸仏の法雲、つまり教説を記憶するものであるから、直接には念仏と関係しないようにもみえるが、念仏または見仏の本質は仏陀の教えを聴受することであるから、陀羅尼をそなえていなければ仏値遇も意味をなさない。そのため、念仏といえばかならず陀羅尼がともない、陀羅尼といえばかならず念仏がともなう道理である。したがって、いまここでは、陀羅尼門によって一切仏刹を摂して色身清浄となり、仏国土の諸仏およびさとりの法がことごとく身中に示したといわれるのである。

　以上の他にもさまざまの仏国土の内観が示されたあと、最後に解脱長者が善財童子につぎの善知識を指示する際に[28]、現在の一切の諸仏と法とを、まのあたりに見る三昧（pratyutpanna-sarvabuddhadharmasaṃmukhāvasthita-samādhi 般舟三昧）をはじめとして、不住涅槃際にいたる現等覚門の三昧とか、何のへだたりもなく仏の境界に住するなどの行について知ることや、かつその功徳を語ることができない、とのべている。このような謙譲の言葉が各善知識の継ぎ目に設定されているが、ここには入法界の菩薩行が般舟三昧の念仏（念法）であることが明瞭に指示されている。これによっても、入法界行が念仏（三昧）を基本とするものであることが首肯できる。

五

善財の菩薩行が念仏や陀羅尼を基本としていることは、つぎのような[29]善財自身の言葉によっても表明されている。

> ああこの善知識〔の教え〕を見ることは、一切の功徳の宝石の鉱脈となり、一切の菩薩行を浄め、完成する（ための因となり、）一切の菩薩の念を清浄にし、一切の菩薩の陀羅尼輪を清浄にし、一切の菩薩の光明三昧を出興し、一切の諸仏を見得することを成就し、一切の諸仏の法雲を降らせ、一切の菩薩の誓願の理趣を伝達し、不可思議なる般若と智恵の光明を生起させ、堅固な菩薩の根の芽を増大させるものである。

右は第十九番目の大光王（Mahāprabharāja）のもとに趣く途中の善財が、いましがた別れた阿那羅王（Anala-rāja 無厭足王）の教えを回想する場面でのべられている。ここにみられるように、善知識に会って指南を仰ぐということは、善知識の体験の世界にふれることであるから、それによって自らもその内観に導かれて諸仏を見得し、教えを聞き、自内証の智恵をかくとくすることができるわけである。これとまったく同じ内容の言葉が、つぎのように[30]第二十四番目の無上勝長者（Jayottamaśreṣṭhin）のもとでも発せられている。

> 聖者よ、私は善財、善財は私です。私は菩薩行を学んでいる者です。聖者よ、私にそれを語りたまえ。私は菩薩行を〔教えられるとおりに〕学ぶでしょう。学びつつすべての有情を成熟し、導きに従うものとなすでしょう。一切の諸仏を見ることをあきらめず、一切の仏法を聞くでしょう。一切の諸仏の法雲を受持するでしょう。一切の諸仏の法の理趣を成就せんとするでしょう。一切の世間界において菩薩行を行じるでしょう。

善知識の導きによって諸仏にまみえて法を聴聞し、その所聞を伝承していくことが菩薩行の基本内容であることが、ここにも明瞭に表示されている。

けっきょく、善知識の教示にもとづいて十方仏刹の諸仏に値遇し、その法雲を受持して、菩薩行を完成せんとするこのような善財の求道はたえまなく続けられ、いよいよ終局に近づくころ、弥勒菩薩のもとで毘盧遮那荘厳蔵大楼閣（Vairocanavyūhālaṃkāragarbha）中に入ることを許されるのであるが、その楼閣のなかで善財童子は如来の不可思議境界をまのあたりに見ることができる。ここにおいて彼は一切の如来の法門をかくとくし、菩薩行を完成するための準備を終えるわけである。つぎの一文は、[31]楼閣中でえた善財の体験の一部分を示している。

　そこでそれらの〔楼閣中の〕微妙音を聞いたときに、善財童子は心中に、大歓喜が充満するようなつぎのような種々の法門を聞得した。すなわち、あるいは陀羅尼門を聞得し、あるいは諸弁才門…諸忍門…諸行門…諸願門…諸波羅蜜門…諸神通門…諸明智光明門…諸解脱門…入三昧門をかくとくした。またそれら宝鏡輪中に無量荘厳の〔世界が〕映し出されてあるのが見られた。すなわちあるいは如来の集会道場（parṣanmaṇḍala）が映し出されてあり、あるいは菩薩の集会道場が…あるいは独覚の集会道場が…映し出されてあるのが見られた。

　右の内容は、宝楼閣中に現出する有仏ないし無仏の世界の種々の功徳や相貌のごく一部にすぎないが、前半文は主として善財がこれまでに学んできた菩薩行の内容を示し、後半にはその菩薩行によって実現される仏および法の世界（法界）が予想されている。法界が如来の世界にとどまらずに、声聞、独覚の世界、およびこのあとにつづく一切の有情世界におよぶわけは、諸仏のさとりが一切世界を対象にしていることのとうぜんの帰結であるといえる。注意すべきことは、その法界に相当する世界が右では如来の会衆輪（parṣanmaṇḍala 集会道場）ないし独覚の会衆輪とされている点である。これらはまぎれもなく、菩薩行がはたらく場として法界が毘盧遮那仏の説法の会座に連なる諸仏諸菩薩の大集・集会にほかならないことを示している。さきにそこで声聞者が除外されていたことを指摘したが、ここではかえってそれら一切を包括することこそが、菩薩行の真の完成にいたることを暗示している。

　このあとの善財は、楼閣中で弥勒の弾指によって三昧から目覚めさせられ、以上の荘厳事は菩薩の智恵の神力中に生じたものであり、どこへ去るのでもなく、無住であること幻師のなす幻事のごときものである云々と教えられる。

最後に普賢行を完成するために、ふたたび文殊菩薩を訪ねることを勧められている。ここで文殊は無量百千万億の諸仏の母であり、百千万億の菩薩の教師（avavādaka）であり、一切衆生世界を成熟させるために努力している人であり、また不可言なる如来の集会輪における説法師（kathāpuruṣa）であるなどと称賛されている。[32]そして普賢行を成就した文殊こそ善財を如来の家に生まれさせる真の善知識であり、善財がこれまで多くの善知識に導かれて解脱理をえたのも、文殊師利菩薩の加護の賜とされている。ところが文殊菩薩は、善財に無辺の陀羅尼、弁才、三昧、神通、智恵をえさせて普賢行道場（samantabhadracaryāmaṇḍala）に入れしめたあと、自身は姿を消してしまう。そのため善財は、文殊を見たいとの願いをおこすが、[33]その願いはそのまま一切の決定信解へと移り、普賢菩薩の解脱の境界を感得するにいたる。そこで善財は普賢菩薩と同じ善根力をそなえて、十種の清浄仏土の瑞相を見、十種の仏の光明相を見るなど、念々に普賢行を修し、如来の境界である普賢地（samantabhadrabodhisattva-bhūmi）に住したとき、[34]毘盧遮那仏の前の大宝蓮華心中の師子座に坐し、菩薩の集会（bodhisattva-parṣanmaṇḍala）のなかで菩薩衆に囲遶されている普賢菩薩を見ることができる。

善財童子はそこで普賢菩薩の智恵の境界は三世諸仏のそれに等しく、無量無辺であり、難測難思であることや、普賢菩薩の一々の身分および一々の毛孔中に三千大千世界がおさまっていることなどの種々の神通をまのあたりに見聞して、無上の喜びに我を忘れる。善財童子の感動の理由は、普賢菩薩の「仏国土の清浄を聞く者は仏国土の清浄をかくとくし、わが清浄身を見る者はわが清浄身をかくとくする。善男子よ、わが清浄身を見よ」[35]に示されている。善財童子はこのとき普賢菩薩の身中に住して、普賢菩薩のさとりと一心同体となりえたわけである。善財童子は普賢菩薩と同じ行海願に到達し、一切如来と等しく、一切仏土を成就する身、正等覚、神通、弁才など、すべて普賢菩薩と等しくなったとされている。[36]

むすびにかえて

上来善財童子の求道によって明らかなことは、善知識の経験に照して三世十方の諸仏国土に往詣し、十方仏を礼拝供養して、親しくその教えに接することを菩薩行の目的としていることである。そのために菩薩行の基本は値仏の念仏(三昧)であり、聞法憶持の陀羅尼であるとするのが筆者の立場であり、本稿のねらいでもあるが、以上の論述は親近善知識に主題を置いているために、念仏や陀羅尼にかならずしも充分な光をあてることができなかった。現在仏に値遇することの意義は、大乗の法門の真実性の開顕またはその確信にあったといえる。つまり念仏は同時に念法で、普遍的な現在仏を念ずることは、大乗法の永遠性を確信することであったと考えるのである。その念仏がまた陀羅尼とも関係するのは、普遍であり、かつ永遠である法は、正しい伝承をまってはじめてその真理性が充足される。そのため念仏によって与えられた法を憶持の陀羅尼によって伝承することが、同時に要請されていたと見るわけである。その法門の伝承という問題にかぎると、のちには念仏や陀羅尼を得意とする『大集経』の陀羅尼自在王のような菩薩[37]が登場して、善知識や法師にかわる活躍をするようになる。ところで「入法界品」では、法界と等しい菩薩の大集・集会を見ることを、値仏聞法と並行して菩薩行の主目的としている点が認められる。菩薩の集会はただちに説法の会座と結びつく。その会座に善知識によって導かれるというのであるから、善知識とは、大乗の信解の定まった者に、法の真理を目覚めさせる人である。その存在は、超歴史的な大乗仏教の仏や法を歴史的な現在に位置づけ、伝承させていく役割を有していたということがきる。

注

① 大正蔵八、五七一中〜五七三上。

② *Aṣṭasāhasrikāprajñāpāramitā*, ed. by P. L. Vaidya (1960) p. 197. 梶山雄一他訳『八千頌般若経』Ⅱ、大乗仏典3

（中央公論社、一九七五年）二〇三頁参照。

③ 大正蔵八、三五三下（「夢誓品第六一」）。

④ 大正蔵八、三一四下。

⑤ 大正蔵八、五八四中（『小品般若経』）。この二身説について、梶山雄一「塔・仏母・法身」密教学第一三・一四合併号（高井隆秀教授還暦記念号一九七七年）五〇頁参照。

⑥ 大正蔵二五、一二一下～一二二上。平川彰『インド仏教史』下（春秋社一九七九年）、五〇～五一頁参照。平川彰博士は『華厳経』の毘盧遮那仏や『法華経』の久遠実成の仏陀もこの法性身にあたり、三身説でいえば報身にあたるとされている。同書、五一頁。

⑦ 梶山雄一『般若経』（中公新書一九七六年）、二七～二八頁。

⑧ 梶山雄一同右書、一六～二五頁。

⑨ この三昧の名は『道行』のもので、『八千頌』や『小品』では、これにかわる多くの三昧があげられている。Vaidya: ASP, p. 242～243. 前掲梶山雄一他訳『八千頌般若経』Ⅱ、三三三～三三五頁参照。大正蔵八、五八一中～下。またこの三昧と般舟三昧の念仏との関係が、ハリソン氏によってとりあげられている。Paul M. Harrison, buddhānusmṛti, *Journal of Indian Philosophy* vol. 6, No. 1 (1978), p. 47. 梶山雄一「念仏と空性」中外日報昭和五五年九月六日付参照。ハリソン氏は断定されていないが、私見では見仏と般舟三昧との関係はここばかりでなく「入法界品」にも見られる。後注㉘参照。

⑩ Cf. Harrison: ibid. p. 48.

⑪ Vaidya: *ASP*, p. 255, *ll.* 26～27. 大正八、六七四下（『仏母出生般若経』）参照。

⑫ Vaidya: *ASP*, p. 240, *ll.* 3～4.

⑬ 大正八、四七一中、五八〇下。六七三中。

⑭ 大正八、四七三中、同五〇五中。

⑮ たとえば『金光明最勝王経』の説など、「具三十二相八十種好頂背円光、是名応身」大正蔵一六、四〇八中（「分別三身品第三」）、長尾雅人『中観と唯識』（岩波書店一九七八年）、二七三頁参照。

⑯ *Saddharmapuṇḍarīka*, ed. by P. L. Vaidya (1960), p. 150, l. 4, 9, 14. 「彼仏分身諸仏、在於十方世界説法」大正蔵九、三二下（見宝塔品第十一）。田村芳朗「法と仏の問題」『仏教における法の研究』（平川彰博士還暦記念論集、春秋社 一九

七五年）三七五頁参照。

⑰ 前注⑨参照。

⑱ 大正蔵一三、九〇六上。同八七七中（『大方等大集経賢護分』）Paul M. Harrison, *Pratyutpanna-buddha-saṃmukhā-vasthita-samādhi-sūtra* (Tokyo, 1978), p. 39.

⑲ 大正蔵一三、八七八上（『賢護分』）。Harrison, p. 44.

⑳ 大正蔵一三、八七九中（『賢護分』）。Harrison, pp. 53～54.

㉑ 大正蔵一三、八七七上（『賢護分』）。Harrison, p. 35.

㉒ 鈴木大拙校訂『梵文華厳経』（入法界品）一九四九年、一二二頁。大正蔵九、六八〇上（六十華厳）。同一〇、三二三下（八十華厳）。

㉓ 鈴木本、五三頁。大正蔵一〇、三三二中～下。

㉔ 鈴木本、五六頁。大正蔵九、六八九中、同一〇、三三三中～下。

㉕ 鈴木本、六〇頁、大正蔵九、六九〇上、同一〇、三三四中。

㉖ 鈴木本、六一頁、大正蔵一〇、三三四中。

㉗ 鈴木本、七九頁、大正蔵九、六九四中、同一〇、三三九上～中。

㉘ 鈴木本、八三頁、大正蔵九、六九五上、同一〇、三四〇上。ここで見一切仏三昧（八十華厳）が、般舟三昧の原語と同じ 'pratyutpanna(sarva)buddha(dharma)saṃmukhāvasthitasamādhi, となっていることは、さきに指摘したように、『八千頌』や「入法界品」の見（十方）諸仏三昧が直接般舟三昧と関係することを暗示している。

㉙ 鈴木本、一七一頁。大正蔵九、七一〇中、同一〇、三五八上。

㉚ 鈴木本、一九〇頁。大正蔵九、七一四中、同一〇、三六二中。

㉛ 鈴木本、五一七頁。大正蔵九、七八一中、同一〇、四三六中。

㉜ 鈴木本、五二八頁。大正蔵九、七八三中、同一〇、四三九上。

㉝ 鈴木本、五二九頁。大正蔵九、七八三下、同一〇、四三九中。

㉞ 鈴木本、五三三頁。大正蔵九、七八四中、同一〇、四四〇上。

㉟ 鈴木本、五四一頁。大正蔵九、七八五下、同一〇、四四二上。

㊱　鈴木本、五四二～五四三頁。大正蔵九、七八五下～七八六上、同一〇、四四二中。
㊲　拙稿「大集経におけるダーラニー説」印仏研二六―二（一九七八年）一〇四頁以下参照。

聞持陀羅尼について――陀羅尼の原意とその展開――

一

初期の大乗経典において菩薩の徳目の一として陀羅尼（dhāraṇī）が重視されている。そこで陀羅尼とは、経法の憶持ということを意味し、後に密教経典などで多説される真言（mantra）を意味していなかったということは、すでに指摘されている。[①]「経法を憶持する」という陀羅尼の性格を端的に示す言葉は「聞持陀羅尼」であるが、この陀羅尼は般若経をはじめとする大乗経典において、しばしば菩薩の智慧（無碍智等）と結びついて説かれている。陀羅尼が菩薩の智慧と結びつくがゆえに、大乗経典において陀羅尼門が重視されるようになったものと思われる。しかしこのような積極的な意味をもつ陀羅尼の意味は、まだ充分に解明されていない。この点に留意して陀羅尼の原意と思想的推移の一端を考察したい。

大乗経典において最初に陀羅尼（dhāraṇī）が説かれるのは般若経典においてであると思われる。しかし小品系の般若経には、陀羅尼はほとんど説かれていない。[②]しかし大品系の般若経になると、いたる所で菩薩は三三昧や十力、四無所畏などと共に、多くの陀羅尼を具えているとのべられている。その場合、陀羅尼が何を意味するかということを、経典自身に聞いてみると、『大品般若経』堅固品第五六に、つぎのような記述がみられる。

[③]復次須菩提。阿惟越致菩薩聞二仏説法一不レ疑不レ悔。聞已受持終不二忘失一。何以故。得二陀羅尼一故。須菩提言。世尊得二何等陀羅尼一。聞二仏所説諸経一而不二忘失一。仏告二須菩提一。菩薩得二聞持等陀羅尼一故。仏説諸経不レ忘不レ失不レ疑不レ悔。

ここでは陀羅尼の意味が「聞き已って受持し、忘失しないこと」とされている。『放光般若』堅固品第五十七にも、右と一致する所説がみられるが、陀羅尼についての意味はほとんど変らない。いずれも陀羅尼は「聞持等陀羅尼」とされているが、この言葉に相当する原語は dhāraṇa-dhāraṇī[4] (Tib. ḥdsin paḥi gzuṅs) であって、この複合詞は「聞持すること (dhāraṇa) が陀羅尼 (dhāraṇī) である」という持業釈に解すべきものと思われる。梵文やチベット訳にない漢訳の等は不可解であるが、これは同じ『大品般若』堅固品の無碍陀羅尼や広乗品の四十二字門の陀羅尼等を意識して、漢訳者が「聞持等陀羅尼」としたものであろうか。あるいは聞持等の等は、経文を聞いて受持し、憶念し、唱える等のもろもろの行為を示すものかも知れない。いずれにしても、ここで陀羅尼の意味が、「仏所説の諸経を聞いて忘れない」ことであると言明されていることはたしかである。念のために、『放光般若』では右引用の最後の文に相当する個所は、「仏言く、[5] 菩薩は聞持等陀羅尼を得るを以て、便ち能く諸仏の経法を受持し、而も遺忘せず」となっている。『大般若経』第三会では、「仏善現に告げたまわく、[6] 是の菩薩摩訶薩は已に聞持陀羅尼等方便善巧を得て、諸の如来応正等覚所説の正法を聞いて惑わず、疑わず、聞き已って受持し、能く忘失せず云々」となっている。ただ興味深いことは、小品系の般若経では、右相当個所で、陀羅尼にあたる言葉が「無生忍」となっている。一例を上げると、『小品般若経』阿惟越致相品第十六に、

須菩提[7]白レ仏言。世尊是菩薩但聞二如来説法一時。心無二所疑一。……何以故。是菩薩於二諸法中一得二無生忍一故。須菩提菩薩成二就如レ是功徳相貌一。当レ知是阿惟越致菩薩。

無生（法）忍は、「諸法の不生を忍可決定する」という意味をもつとされる。[8]「仏の説法を聞いて忘れない」とする陀羅尼の場合でも、その説法の内容は不生不滅の真理であるから、両者ともに、諸法の実相を受持し、忘れないということになるわけである。『大般若経』第四会では、「是の[9]菩薩摩訶薩は諸法中に於て無生忍を得て已に能く諸法の実性に通達す。聞くもの皆随順し、並に疑惑無し。又聞持陀羅尼を得るが故に常に能く憶念し、終に忘失無し」といっ

て、無生忍と陀羅尼とを並行して説いている。また『宝積経』無辺荘厳会にも、「菩薩は陀羅尼を得るに由るが故に、必らず定んで当に無生法忍を証す。一切法清浄智を逮得し、及び能く是の如き法智を出生す。謂く一切法不生不滅なり」とある。無生忍と陀羅尼との深い関係がうかがわれる。[10]

二

以上で聞持陀羅尼は陀羅尼の原意を伝える術語であること、したがって陀羅尼（dhāraṇī）とは、経説を受持または憶持（dhāraṇa）することであって、神呪（mantra）という意味ではないことが理解される。ところで『大品』には聞持陀羅尼の他にいわゆる四十二字門の陀羅尼が説かれているので、それを検討しておきたい。四十二字門は、『大品般若』広乗品第十九その他で説かれている。「広乗品」では、

復次須菩提、菩薩摩訶薩摩訶衍。所謂字等語等諸字入門。何等字等語等諸字入門。阿字門一切諸法本不生故。羅字門（中略）須菩提、是名陀羅尼門、所謂阿字義。[11]

となっている。右の「字等語等諸字入門」に当る言葉は、『放光経』陀隣尼品第二十では「陀羅尼目佉」、『光讃経』観品第十七には「総持門」、『大般若』第二会念住等品第十七では、「陀羅尼門」で、いずれもdhāraṇīmukhaの訳語である。右の各品には、菩薩摩訶薩にとって大乗とは何かが説かれていて、大乗の菩薩にそなわるべき五根、五力、八聖道、三三昧、十力、四無所畏などの徳目が説明されている。その最後に右のように陀羅尼門があげられているから、四十二字門の陀羅尼が、まさしく大乗の法門としての陀羅尼である。それではこの四十二字門の陀羅尼と先の聞持陀羅尼との関係はどうであろうか。四十二字門の所では、聞持陀羅尼という表現はどこにも見当らない。このためか『大智度論』では、聞持陀羅尼と入音声陀羅尼と字入門陀羅尼を分類して、字入門陀羅尼が四十二字門の陀羅尼であるとのべている。しかし拙考によると、字入門陀羅尼の陀羅尼も、「経説を受持して忘れず」という意味をもつも[12][13]

のである（入音声陀羅尼は大品系には別出して説かれていない。これは字入門陀羅尼と同じものであろう）。四十二字門とは、a（阿）、ra（羅）、pa（波）、ca（遮）、na（那）等の諸文字について、一々の字義を追求して、それにもとずいて経説の真の理解をえようとするものである。経によれば、「如来の説法は文字を離れず。諸法亦た文字を離れず」[14]ということであるから、経法を能持し記憶するということは、当然諸文字によって成り立つ経説の意味を了解することになるわけである。そのことは『大般若』第二会実語品第六五にものべられている。

復次慶喜[15]、甚深般若波羅蜜多是能悟二入一切法相一。是能悟二入一切文字一。是能悟二入陀羅尼門一。諸菩薩摩訶薩応於二如レ是陀羅尼門一常修学。若菩薩摩訶薩受二持如レ是陀羅尼門一。速能証二得一切弁才諸無礙一（中略）汝等若能受二持如レ是甚深般若波羅蜜多陀羅尼一者。則為総二持一切仏法一令レ不二忘失一。

甚深般若波羅蜜とは一切法の真理を悟ることである。すなわち一切の文字に通達することであり、それが陀羅尼門に悟入することである。そしてそういう陀羅尼が結局聞持陀羅尼であることが、右の文から理解される。

四十二字門は小品系の般若経には説かれていないので、大品系にいたって初めてあらわれる教説である。参考のために『大品』広乗品等の陀羅尼門に相当する個所は、小品系般若経ではつぎのようになっている。

須[16]菩提白仏言。天中天、何故正字菩薩。仏言。諸経法悉学悉暁、了二知諸経法一。爾故字菩薩。

右の意味、菩薩は諸経法に通暁し、よく経法を理解するがゆえに、菩薩をとくに字に通達する菩薩とするということである。もしこのような所説から『大品』の四十二字門が導かれたとするならば、陀羅尼門（dhāraṇī-mukha）とは、諸経法を学び、了解するための教説であることがわかる。

三

「経法の憶持」として陀羅尼は、般若経およびその他の大乗経典において菩薩の三昧や智慧と深い関係をもって説かれている。思うに般若経では、経法とは般若波羅蜜以外の何物でもないのであるから、般若波羅蜜を忘失しないということは、三昧の実修によって生じる智慧の内容を指している。『放光般若』には、菩薩が般若波羅蜜と相応すれば兜率天上より来生し、[17]「般若波羅蜜を終に失わず。諸陀羅尼・諸三昧門・諸衆智門悉く皆現在前す」(五眼品第四)とか、[18]「仏言く。菩薩は初発意より常に諸仏を供養し、諸仏所説十二部経を常に当に受持すべし。堅持守念すれば便ち陀羅尼を得て諸無礙を起す。無礙を起して已に所生処に在りて薩云若に至る」(菩薩行品第七二)とのべられている。また『大品』では、「仏、[19]須菩提に告げたまわく。菩薩摩訶薩初発より諸仏を供し、諸仏所説の十二部経、修妬路乃至憂波提舎を是の菩薩聞持誦利し、心観了達す。了達するが故に陀羅尼を得る。陀羅尼を得るが故に能く無礙智を起す。無礙智を起すが故に所生処乃至薩婆若を終に忘失せず」(道行品第七二)等と説かれている。経説を受持し了解する陀羅尼をえることが、法・義・辞・弁才に巧みなる四無礙智に通じることであるとされるわけである。[20]

『般若経』と関係の深い『華厳経』には各品に陀羅尼が説かれているが、陀羅尼はここでも、「仏法を受持すること」と考えられている。したがって多くの陀羅尼が列挙される場合は、「聞持陀羅尼」が第一番目にあげられる。[21]「十地品」に相当する『十地経』には、無礙智(pratisaṁvidām jñāna)を成就することに巧みな菩薩が第九善慧地に入り、如来の法蔵をえて大説法者となるとき、意義ある陀羅尼(arthavatī-dhāraṇī)他十種の陀羅尼をえる云々とのべ、さらにこのような陀羅尼句の一々について無量百千阿僧企耶(asaṁkhyā)の陀羅尼門をえる。そしてこの無量無数の陀羅尼門によって、十方無量の仏世尊の面前で法を聞き、聞いたのち忘れることがないとされている。[22]このあとつづいて、第九地の菩薩は無量無数の陀羅尼門によって、また本願のみによって、多く正覚をえた諸仏の面前において光明の法門を受けとる。しかしその法門は、大なる多聞をえて聞持陀羅尼(śrutagrahaṇa-dhāraṇī)をえた声聞が、百千劫の間保持しようとつとめてもできないという。[23]ここでは聞持陀羅尼の原語はśrutagrahaṇa-dhāraṇīとなっていて、『般若経』の場合と一見一致しないように見受けられる。しかし『般若経』では「聞持」dhāraṇa の意味は、「聞きおわって忘れない」とされていたから、『華厳経』の「聞持」śruta-grahaṇaは、一そうその意味を明確に表わしているといえる。したがって両経の「聞持」の原語が異なるのは表現上のもので、内容はまったく同一である。右で声聞（śrāvaka）の聞持陀羅尼云々とあるのは、同じく陀羅尼をえて経説を聞き記憶しても、声聞と大乗とでは内容も立場も異なっているので、声聞者は大乗者と同じように正覚をえることができない、としたものであろう。

『入法界品』でも、陀羅尼は一切法を憶持すること、すなわち、すべての文字や句の意味を能持することであり、しばしば一切智等の智慧と関連して説かれている㉔。

『華厳経』以外では『大集経』や『宝積経』にも「陀羅尼と智」が多説されている。しかしこの二経典には、聞持または㉕不忘法としての陀羅尼と同時に真言呪としての陀羅尼も説かれている。その意味では聞持陀羅尼と呪(mantra)としての陀羅尼との推移・発展がうかがわれるわけであるが、目下の主題は「聞持陀羅尼」であるので、真言としての陀羅尼を含む右経典の検討は別の機会にゆずりたいと思う。

四

般若経の聞持陀羅尼は、『十地経』では、善慧地以上の菩薩によってえられる陀羅尼門の内容であったが、無着の『摂大乗論』に説かれる法雲地の菩薩の陀羅尼門も、聞持陀羅尼を指しているようである。ところで『摂大乗論』では、法界等流の聞慧の種子としての聞熏習が説かれているが、聞持陀羅尼と聞熏習とは密接な関連がみとめられる。おそらく両者は同じものと思われる。『摂大乗論』の陀羅尼門を考察する前に、『解深密経』にも聞持陀羅尼が説かれているので、それをまず見ておきたい。『解深密経』地波羅蜜多品第七に、第三地の菩薩の所得として三摩地と聞持陀羅尼があげられている。

(イ)由㉖二彼所得三摩地及聞持陀羅尼一。能為二無量智光依止一。是故第三名二発光地一。

Sa[27] gsum pa ni tiṅ ṅe ḥdsin de daṅ *thos paḥi gzuṅs* de śes paḥi snaṅ ba tshad med paḥi gnas ñid yin paḥi phyir ḥod byed pa shes byaḥo.

(ロ)於[28]㆓第三地㆒有㆓二愚癡㆒。一欲貪愚癡、二円満聞持陀羅尼愚癡及彼麁重為㆓所対治㆒。

[29]gsum pa la ni ḥdod paḥi ḥdod chags kyi kun tu rmoṅs pa daṅ, *thos paḥi gzuṅs* yoṅs su rdsogs pa la kun tu rmoṅs pa daṅ, deḥi gnas ṅan len mi mthun paḥi phyogs so.

チベット訳から推すと、聞持陀羅尼の原語は śruta-dhāraṇī となっていたと思われる。[30] (イ)ではただ無量智を依止となすとあるだけで、意味が明らかでないけれども、『摂大乗論』世親釈に、第三地の障として、聞思修における忘失があげられている。

[31]何等為㆓諸地十障㆒。……三遅鈍性。於㆓聞思修㆒而有㆓忘失㆒。（玄奘訳）

[32]心遅速無明。聞思修忘失無明。是三地障。……聞持陀羅尼不㆑得㆓成就㆒。令㆘所㆓聞思修㆒有㆗忘失㆖故称㆓無明㆒。若不㆑断㆓此無明㆒不㆑得㆑入㆓三地㆒。故㆑此無明為㆓三地障㆒。（真諦訳）

真諦は玄奘訳やチベット訳にない「聞持陀羅尼」を補なっているが、この世親釈の十地障の内容は、第三地以外でもほとんど『解深密経』の説と一致している。したがって真諦訳のとおり、聞思修忘失（無明）は、(ロ)の「聞持陀羅尼の愚癡」を指すと考えてよい。そうすると聞思修は『摂大乗論』には、清浄法界等流の聞慧の熏習とされているから、世親や真諦の解釈をとおして、『解深密経』の「聞持陀羅尼」は、法身の種子である「聞熏習」と解してよいこととなる。「聞熏習」の法界等流とは、いうまでもなく大乗の教法であって、それを聞慧・思慧によって修習すること（修慧）が、聞熏習にほかならない。一方「聞持陀羅尼」の意味は上来明らかな如く大乗の経説を憶持して忘れないことであり、両者の思想内容はまったく一致している。

それでは憶持（dhāraṇa）または陀羅尼（dhāraṇī）と、熏習（vāsanā）とは同じかどうかという点について考えてみると、これについては、『大乗荘厳経論』第十八章のつぎの文が注意される。

陀羅尼[33]の分類について三偈あり。

異熟により、聞の数習によって（śrutābhyāsāt）また三昧によっても陀羅尼がある。

それらは小と大とであり、大はさらに三種である。（七一偈）

………………

諸菩薩はこの陀羅尼によって、幾度も幾度も、常に正法を演説し、また受持する。（七三偈）

「聞の数習によって」とは、長行には「現法の多聞によって」[34]（dṛṣṭadharma-bahuśrutyena）（法を）受持し憶持する特殊の能力によって」と説明されている。つまり数習（abhyāsa）を受持（grahaṇa）または憶持（dhāraṇa）と解しており、これによって聞数習とは聞持陀羅尼であると考えられる。また数習（abhyāsa）は修習（bhāvanā）と同意であって、実践や体験が繰り返し行われることである。その結果、行為の影響が持続されることが熏習（vā-sanā）であり、このことから、憶持 dhāraṇa（＝dhāraṇī）、数習 abhyāsa、熏習[35] vāsanā は、語義の上からも同じであることが分る。

右で陀羅尼を異熟（vipāka）と解しているのは、聞法を実践し、経法を記憶するという行為が、積み重ねられることによって、正覚等が約束されるという陀羅尼の功徳を、果の面から眺めたものである。聞持が「聞已受持」と解される場合には、聞已が過去の行為であり、受持がその過去の聞法を現在または未来にわたって継続する行為すなわち「熏習」をあらわす。したがって陀羅尼を「熏習」または「数習」と解すも「異熟」と解すも、それは聞法の行為を因の面から見るか果の面から見るかの見方の相違によるにすぎない。陀羅尼をこのように業因業果の行為として見ることは、『大智度論』にも、聞持陀羅尼を説明して、「或時[36]は先世の行業を因縁として生を受く。所聞皆持して忘れず。是の如き等を聞持陀羅尼門と名づく」とあるによっても明らかである。

以上によって「聞持陀羅尼」は、『摂大乗論』では「聞熏習」として説かれていることが明らかである。また同「彼修差別品」においては、十地の各地における法界相が説明される際に、第十地においては、陀羅尼門自在を所依とする等の意味によって、法界が知られるとされる。この場合の陀羅尼門が何を意味するかということを最後に考えてみたい。結論をいえば、この陀羅尼門も聞持陀羅尼であり、聞熏習である。まず本文をあげると、

(A)[37]何者能顕二法界十相一。(中略)於二十地一由二業自在依止一、由二陀羅尼門三摩提門自在依止義一。応レ知二法界一。

[38]ŝes bya chos kyi dbyaṅs rnam pa bcu ji lta bu she na, ……bcu pa la ni las la dbaṅ baḥi gnas kyi don daṅ, gzuṅs daṅ tiṅ ṅe ḥdsin gyi sgo la dbaṅ baḥi gnas kyi don du ŝes par byaḥo.

とあり、つづいて各十地の名称の説明がなされている。第十法雲地はつぎのように説明されている。

(B)[39]云何十地名二法雲一、由下縁二通境一知中或一切上一切陀羅尼門及三摩提門為レ蔵故。譬雲能覆下如二虚空一麤障上故。能円二満法身一故。

[40]ciḥi phyir sa bcu pa chos kyi sprin shes bya she na ḥdres pa la dmigs paḥi chos thams cad ŝes pa gzuṅs daṅ tiṅ ṅe ḥdsin gyi sgo thams cad khoṅ na yod pa sprin lta bus nas mkhaḥ ltar rgya che baḥi sgrib pa khebs pa daṅ, chos kyi sku yoṅs su rdsogs par byas paḥi phyir ro.

(A)にたいして世親は、「[41]身等の業に自在となる所依は、第十地である。陀羅尼と三昧の門に自在である所依を義とするのも第十地である」云々とのべている。無性は、よりくわしくつぎのように説明している。

[42]第十地においては業に自在なる所依の義と、陀羅尼と三昧とに自在なる依止の義のために、である。のぞみどおりに身と語と意との業をえるがゆえに、五神通等によっておのおの業が意のままに成就するから、陀羅尼とは、

あるもの（菩薩）によって句と義等を能持することである。自在とはそれ（句・義）に自在となるか、またはそれによって自在をえること。仏によって説かれたすべての句と義とを能持するから。（中略）法界とは、この二自在の所依の義によって十地によく通達することである。

無性によって、陀羅尼自在とは、仏所説の経文の句義を能持することに自在であること、とされているから、この陀羅尼は聞持陀羅尼であると理解される。つまり第十地の菩薩は経文の一々の句義を憶持することにすぐれているとするのである。この第十地の菩薩の陀羅尼は、『十地経』で第九善慧地以上にあらわれる聞持陀羅尼と関係すると思われる。さきに『解深密経』では、聞持陀羅尼に愚癡なることが、第三地の障とされていたが、同経にもやはり第九地において「陀羅尼自在」が説かれている。

[43]於二第九地一有二二愚癡一 一者於二無量説法無量法句文字後後慧辨陀羅尼自在一愚癡。二者辨才自在愚癡及彼麁重為二所対治一。

右はチベット訳によると、第一の愚癡とは「[44]無量の教法と無量の法句と文字と、よりすぐれた智慧と弁才とにおける陀羅尼自在の愚癡」となっている。ここでも陀羅尼（自在）とは、経説の無量の句と文字とに通じること、すなわち聞持陀羅尼と解してよいであろう。それが菩薩の智慧であり、弁才であるとされるのである。このような説をうけついで、『摂大乗論』では第十地の法界が、「陀羅尼門自在依止義」によってあらわされるとされたわけである。

つぎに(B)では、法雲地の菩薩の智が陀羅尼門および三昧門を内容とするとされている。これを世親や無性は、つぎのように説明している。

[45]一切法を縁ずる十地の菩薩の智は雲のようなもので、三昧門や陀羅尼門はその雲の中にたくわえられる雨の水のようなものである。虚空は雲によって覆われるように、種々の法を所縁とする智は、広大なる諸障を（覆いつくして）あらわしめない。

たとえば雲によって虚空が覆われ、除外されるように、一切法を所縁とするかの智もまた、煩悩と所知の大障を虚空が広く限りない国土を（おゝう）ように、覆い、破壊する。つまり排除する。またたとえば、虚空が水によって遍満されるように、（智は諸障に遍満し、破壊する。）この智により、功徳の聚りを依止とする身（法身）を円満する。

ここで世親や無性は、智を雲にたとえ、雲が虚空を覆うように、智は煩悩・所知の二障をおおい、排除するとしているわけである。その際陀羅尼が三昧とともに、雲の水にたとえられている。雲の水とは雲を構成する要素であるから、雲そのものである。その水が虚空に遍満するように、陀羅尼は諸障に遍満し、それを破壊する。したがって陀羅尼なる水は、二障を破壊する無分別智のはたらきを意味している。このような陀羅尼の性質は、アーラヤ識の対治となる聞思修三慧としての聞熏習にそのままあてはまる。法雲地の陀羅尼門が聞熏習を指すことは、『大乗荘厳経論』の漢訳者が、「行住品」の中でつぎのようにのべていることからも明らかである。

㊻菩薩於二十地中一、由二三昧門及陀羅尼門一摂二一切聞熏習因一。遍満阿梨耶識中、譬如下浮雲遍満中虚空上。能以二此聞熏習雲一、於二一一刹那一於二一一相一於二一一毛孔一、雨二無量無辺法雨一充二足一切可レ化衆生一。由三能如レ雲雨二法故名二法雲地一。

ここでは陀羅尼門は、聞熏習がアーラヤ識を対治する因となるのと同様に、法雨を降らして一切衆生を清浄ならしめる因となること、それゆえに、陀羅尼門を所依とする菩薩の第十地を、法雲地とよぶのであるとされる。陀羅尼と聞熏習とを同一視する右の部分は梵文にはないけれども、漢訳者は両者の内容は同じとみて、陀羅尼門の中に聞熏習をよみこんだものであろう。

おわりに

上来陀羅尼の原意を大品系般若経の聞持陀羅尼 dhāraṇa-dhāraṇī にもとめ、それが「経法を憶持して忘れない」という意味をもつこと、さらにそれは当初より四無礙智等と結びついていたために、『十地経』では善慧地以上の菩薩の智の内容となり、『摂大乗論』において聞熏習の思想に発展することを理解した。

陀羅尼は密教経典などでは「真言陀羅尼」としてマントラ（mantra）と同一視されているために、陀羅尼といえば真言または呪句（mantra-pada）という理解がなされがちである。しかし大乗経典においては多くの場合、菩薩の陀羅尼は真言（mantra）や明呪（vidyā）そのものを意味しない。[47]

陀羅尼が「経法の憶持」ということを意味する以上、大部の経典を圧縮した短い経文や真言を唱え、記憶することが陀羅尼であるとの了解は、当初から存したであろう。四十二字門の教説にみられるように、一々の字義に通達することが、般若波羅蜜を理解することとされているからである。こうして「経法の憶持」としての陀羅尼が「経法を構成する要素としての真言の憶持」となり、陀羅尼といえば即「真言を受持すること」とされ、ついには受持する真言そのものを意味するようになったのではないかと考えられる。

しかし陀羅尼はマントラ（真言）と区別しがたくなっても、依前として「経法の憶持」としての意味は保持されていたのである。そのことは、『菩薩地』[48]の四種陀羅尼や、『三昧王経』の注釈書[49]、密教経典の『出生無辺門陀羅尼経』等の陀羅尼の解釈[50]によって理解することができる。

般若経の「聞持陀羅尼」が、『十地経』、『解深密経』を経て『摂大乗論』等において、「聞熏習」思想として展開するという経緯は、複雑な陀羅尼思想史の一部分の考察にすぎない。しかしともかく「聞持陀羅尼」→「聞熏習」の一連の経過を理解するときに、大乗菩薩にとっての陀羅尼の重要性が確認されるのである。

注

① 平川彰「初期大乗仏教の研究」二二七頁以下。

② 「小品般若」薩波陀倫品に一度説かれるのみである。大正八、五八二上、*Aṣṭasāhasrikāprajñāpāramitā*, B. S. T. No. 4, p. 244. 平川上掲書、二二七頁。

③ 大正八、三四三下。

④ ラモート教授は「大智度論」の聞持陀羅尼を śrutadharadhāraṇī と還梵しているが (*Le traité de la Grande Vertu de Sagesse*, T. I. p. 318)、般若経の原典には、dhāraṇa-dhāraṇī となっている。東大写本 No. 234, 308a-9, *do.* b.-2. No. 235, 343a-2, 4. 影印版西蔵大蔵経第十六巻、二七七―一―五、同十九、二九―三―一、同二十、七四―二―七。

⑤ 大正八、八九中。

⑥ 大正七、六三四中。

⑦ 大正八、五六五下。

⑧ 平川上掲書、三二五頁。

⑨ 大正七、八二八下。

⑩ 大正十一、四〇上。

⑪ 大正八、二五六中下。

⑫ dhāraṇīmukha の mukha とは入口という意味であるが、安慧の「大乗荘厳経論釈」によると、「諸陀羅尼は諸如来の所説法である義と句とを忘れることなく能持する因であるから門と称す、云云」と説明されている。(影印版西蔵大蔵経一〇九巻、一一五―四―一～二) したがって dhāraṇīmukha は持業釈に解すべきで、陀羅尼とは (仏の経法を理解するための) 入口 (mukha) という意味となる。この解釈は般若経の場合にもあてはまると思われる。

⑬ 大正二五、二六八上。

⑭ 「放光般若」住二空品第七八。大正七、一二七中。

⑮ 大正七、三一四下～三一五上。

⑯ 「道行般若」道行品第一。大正八、四二七中。この経文が大品の四十二字門と関係することについては、山田竜城「大乗仏教成立論序説」二二四頁参照。

⑰ 大正八、七中。

⑱ 大正八、一一六下。

⑲ 大正八、三七九下。

⑳ 「大集経」陀羅尼自在王菩薩品には、四無礙智陀羅尼が法・義・辞・楽説無礙智であるとされている。大正十三、二四下。陀羅尼（＝総持法）と無礙智との関係を示す文は、「護国尊者所問大乗経」にも出ている。大正十二、三上。*Rāṣṭrapālaparipṛcchā*, B. Buddhika No. 2, p. 11.

㉑ 「華厳経」離世間品第三八、大正十、二八一下。

㉒ *Daśabhūmikasūtra*. B. S. T. No. 7, p. 52 大正十、五六五上中他。

㉓ 右書同頁。「十地経」にはこの他第十法雲地にも聞持陀羅尼が説かれている。*Daśabhūmikasūtra*, p. 60.

㉔ 一例をあげると、「我以下精中進聞持陀羅尼上故。悉能受持正念思惟知レ味知レ義。明智慧蔵円満清浄」大正九、七三七上。鈴木・泉「梵文華厳経」二九八頁など。

㉕ 大正十三、六二四下。

㉖ 大正十六、七〇四上。

㉗ 影印版西蔵大蔵経第二十九、十九—五—八。

㉘ 大正十六、七〇四中。

㉙ 影印版西蔵大蔵経第二十九、二〇—二—一。

㉚ cf. É. Lamote, *Saṁdhinirmocana-sūtra*, p. 123, 125, 127.

㉛ 大正三一、三五八上。影印版西蔵大蔵経第一一二、二九七—四—六〜八。

㉜ 大正三一、三二一中。

㉝ S. Lévi, *Mahāyānasūtrālaṁkāra*, p. 147, *ll*. 9-15.

㉞ 右同書 p. 147, *ll*. 17-18.

㉟ 「摂大乗論」にも、その（聞の）熏習をよく摂取せることによって法を能持するとあり、無性は、かれ（聞）を数習するために特殊の功能あることが、習気であるという。影印版西蔵大蔵経一一三、二一八—五—七。同一一三、三七—三—四。

㊱ 大正二五、二六八上。また「智度論」には陀羅尼には能持と同時に能遮の意味があるとされる（同九五下）、これは聞熏習

がアーラヤ識の対治となるのに対応する。

㊲ 大正三一、一二六上。

㊳ 影印版西蔵大蔵経一一三、二三〇―一―三～七。

㊴ 大正三一、一二六上中。

㊵ 影印版西蔵大蔵経一一三、二三〇―二―八～三―二。

㊶ 影印版西蔵大蔵経一一三、二九八―一―二～三。

㊷ 影印版西蔵大蔵経一一三、三三―一―一～五。

㊸ 大正十六、七〇四中。

㊹ 影印版西蔵大蔵経二九、二十―二―七。

㊺ 影印版西蔵大蔵経一一二、二九八―三―四～五。同一一三、三三―四―一～五。

㊻ 大正三一、六五九中。

㊼ 陀羅尼 dhāraṇī が（経法を）「受持すること」＝dhāraṇa という普通名詞から導き出されたものとして、陀羅尼の先駆は初期仏教でも説かれる経法の保持（dharati＜√dhṛ）であると考える。*Aṅguttara-Nikāya*, PTS, vol. III, p. 176. 南伝大蔵経第十九、増支部経典三、二四七頁参照。

㊽ 荻原雲来編「梵文菩薩地経」二七二～二七四頁。大正三〇、五四二下～五四三上。この場合、法・義陀羅尼は法・義を受持することと dhārayati とされ、呪陀羅尼は諸呪が加持することと adhitiṣṭhanti とされている。また能得菩薩忍陀羅尼は bodhisattvakṣānti-lābhāya dhāraṇī となっているから、これらの複合詞はいずれも依主釈に解すべきである。

㊾ ここでも各種陀羅尼（真言・法・義・現観陀羅尼）が受持または加持といいかえられている。蜜波羅圭之介「三昧王経の研究」(1)高野山大学論叢第九巻、五十頁参照。

㊿ 堀内寛仁、西蔵訳「出生無辺門陀羅尼経」及び「広釈」・和訳、密教文化第七六号四四頁、同八十号七二頁参照。

II　ダーラニー説

多聞の熏習としてのダーラニー説

一

大乗仏教の特色を示す教義はいろいろ考えられるが、大乗独自の教義の一つにダーラニー（陀羅尼または総持）説があり、これが大乗の形成と発展に果した役割は大きい。①　ダーラニー説が大乗独自の教義であることは、ダーラニー（dhāraṇī）の語がパーリ上座部や説一切有部の文献にはほとんどみあたらないことからうかがえる、南伝大蔵経にある一〜二の例も、②　のちにのべる教法の憶持という意味や神呪の意味をもつものではない。仏伝文学作品の『ラリタ・ヴィスタラ』には多聞の憶持としてのダーラニーの用例が数回みられるが、③　この経典は大乗仏教の影響をつよく受けている。このダーラニー説も大乗のものであって、小乗仏教の教説であるとはみなしがたいようである。このように初期仏教ではダーラニー説は存在せず、ダーラニーという言葉はあっても大乗経論で多説されるダーラニー（総持）の意味内容をもち合せていない。また神呪の意味のダーラニーも存在しなかったと考えることができる。④

初期大乗経典に説かれるダーラニー（総持）は、中期以降の大乗経典や密教経典にあらわれる真言としての陀羅尼呪（dhāraṇīmantra）ではない。ダーラニーはもともと「経説の憶持」を意味する言葉であった、と考えられる。それが今日ではダーラニーは真言と同一視され、ダーラニーといえば真言陀羅尼を意味すると考えられている。この結果真言の原意をダーラニー（総持）に求めたり、陀羅尼《ダーラニー》の起源を『阿含経』に説かれる「真実語」（saccakriyā）や「護呪」（paritta）にみる無用な検討がおこなわれている。⑤　こうした誤解は、真言とダーラニーの本来的に異なる意味と用例とを無視して当初から両者は同一の関係にあったと考えることに由来している。しかし両者は語義の上から考えてもあるいは用例に照らしても同一であるはずはなく、しいて関係をいえばダーラニーは目的であり、真言はその手段にすぎないものである。すなわち経説の憶持（記憶）という目的をもつダーラニーは、その目的を成就するために記憶に便利な一一定のシラブルや意味をそなえた一群の語句を必要としたのである。その一群の語句（padāni）がのちに神呪化されていく過程で「ダーラニーのための句」（dhāraṇī-padāni）が「ダーラニーのための神呪」となり、やがてこれが「ダーラニーという呪句」（dhāraṇī-mantrapadāni）に発展移行したものと思われる。この点についてはすでに論じたことでもあり⑥、ここでふたたびとりあげる余裕はない。以下の論稿は初期の大乗経典で当初ダーラニーがいかなる目的で説き出されたかを究明し、ついで種々の経典や論書で説かれる二、三のダーラニー説を詳しく検討してダーラニー説のもつ本来の意義を正しく理解しようとするものである。

ダーラニーが早くから大乗経典で重用された理由は、仏教々団における伝統的な聞の重視と、「経巻受持」を内容とする大乗教徒の経典崇拝信仰があげられる。ダーラニーが本格的に説き出されるのは大品系般若経典においてであるが、そこでダーラニーは、「憶持するものであるダーラニー」（dhāraṇa-dhāraṇī）として規定されている⑦。

punaraparaṃ subhūte'vinivartanīyo bodhisattvo mahāsattvastathāgatasyārhataḥ samyaksaṃbuddhasya dharmadeśayato na kāṃkṣati na vicikitsati yaṃ ca te buddhā bhagavanto dharmaṃ bhāṣante taṃ sarvaṃ udgṛhṇāti tathā gṛhītaśca samānaṃ na vipraṇāśayati/ tatkasya hetor yathāpi taddhāraṇīpratilabdhatvāt/ atha khalvāyuṣmān subhūtir bhagavantam etad avocat/ katamasyābhagavan dhāraṇyāḥ pratilabdhatvāt bodhisattvasya mahāsattvasya tathāgatabhāṣitāḥ sūtrāntān avipraṇaśyanti/ bhagavānāha dhāraṇadhāraṇīpratilabdhasya subhūte bodhisattvasya mahāsattvasya tathāgatabhāṣitāḥ sūtrāntān avipraṇaśyanti/

スブーティよ、つぎにまた不退の菩薩大士は、法を説きつつある如来・応供・正等覚者にたいして疑いをもったり動揺したりはしない。かれは諸仏世尊が説かれる法は何であってもそのすべてを受持し、受持したとおりのまゝに正確に記憶して忘れない。何故かといえば、それはかれがダーラニーをえているからである。そのとき実に長老スブーティは世尊につぎのように申しあげた。世尊よ、どのようなダーラニーをえているから菩薩大士は如来が説かれた経説を忘れないのでしょうか。世尊は答えられた。スブーティよ、菩薩大士は聞持ダーラニーをえているから如来が説かれた経説を忘れることがない。

（摩訶般若）復次須菩提、阿惟越致菩薩聞㆓仏説法㆒不㆑疑不㆑悔、聞已受持終不㆓忘失㆒何以故、得㆓陀羅尼㆒故、須菩提言、世尊得㆓何等陀羅尼㆒、聞㆓仏所説諸経㆒而不㆓忘失㆒、仏告㆓須菩提㆒、菩薩得㆓聞持等陀羅尼㆒故、仏説諸経不㆑忘不㆑失不㆑疑不㆑悔。

右は『摩訶般若経』では『堅固品第五十六』に説かれるもので、不退の菩薩の諸特性が列挙されていくなかで、不退の菩薩が諸仏の教説を疑わないのはダーラニーをそなえているからであるとされているところである。また同時に不退の菩薩は「聞持ダーラニー」をそなえているから、諸仏の教説を聞いたとおりに記憶していて忘れることがない、とされている。このあとさらに声聞や天・竜・夜叉などの有情によって説かれたものでもダーラニーをそなえた菩薩は疑わないのであり、それが不退の菩薩のすぐれた点である、と説かれている。

ここでは、空を説き無を強調する般若の教説を聞いて疑わず動揺しないことが不退の菩薩の要件とされ、そのために憶持不忘のダーラニーをえることが主題とされている。ここで明らかなように、ダーラニーとは、諸仏によって説かれる教説のすべてを聞いたとおりに記憶させるもの（いわば記憶力）を指している。このように教説・経文を受持し記憶する力を内容としていたので、ダーラニーをとくに「憶持するものであるダーラニー」と規定したものと思われる。また教説の記憶は聞を前提とするところから漢訳者は右の語を「聞持陀羅尼」と訳して「dhāraṇa」（受持）の語の内容を補強したものであろう。

仏教以外の文献ではたとえば『ヨーガスートラ』(三―一)では、八支ヨーガの一としてダーラナー(dhāraṇā 執持)が説かれるように[⑧]、この語は古くから精神を統一し、心を一点に集中させることを意味していたようである。しかしダーラニーという言葉は仏教文献以外にはみられないので、この語は仏教独自のものといってよさそうである。それもこの語は右の用例にみられるように、大乗とりわけ般若の教説の憶持力として採用されたものである。

ところでダーラニーは当初から無碍智などと結びついて説かれており、教法の憶持力はたんなる記憶力とは異なっていたことが推察される。また多くの経論においてダーラニーが種々の三昧をともなっている事例を考えるとき、ダーラニーは菩薩の深い禅定体験にもとづく叡智(最高の智慧=般若波羅蜜)を内容としていることが知られる。

ダーラニーが三昧と密接な関係をもっているという事実は、ダーラナーが古くより精神統一を意味する語であったことと無縁ではないかも知れない。教法の憶持には三昧による精神統一が必要であり、したがって禅定体験における教法の憶持にダーラニーの名が与えられた、とも考えられるからである[⑨]。一般に物事を記憶する場合に、他人と談合したり他の動作を行ったりなどしていて「記憶」の心的行為が完全になされる筈はない。静かな場所で瞑想して心を一点に集中してはじめて教法などの記憶が成就されることはいうまでもないことである。このためダーラニーと三昧とは深く関係するわけであるが、三昧とダーラニーとの関係は前者が後者の手段となるような依存関係だけにおわるものではない。むしろダーラニーが三昧を可能にし両者が不二一体となるような関係がみとめられる。

ここでもう一度、さきの般若経で不退の菩薩が般若の教説を聞いて疑わず動揺しないためにダーラニーをえる、とのべられている点に注意したいと思う。ここでダーラニーはたんに聞いて記憶するだけでなく、聞いて疑わず動揺しない精神状態をつくり出すのである。これは不動の三昧の状態ともいえるであろう。この場合、般若の教説にたいする不動の三昧とは「無生法忍」を指している。それはこのダーラニーを説く経文にあたる個所を『八千頌般若経』に照合すると、そこではダーラニーにあたる語が「無生忍」であることでも明らかである[⑩]。

punaraparaṃ subhūte 'vinirvartaniyo bodhisattvo mahāsattvas tathāgatasyārhataḥ samyaksaṃbuddhasya dharmaṃ deśayato na kāṃkṣati, na vicikitsati/ subhūtir āha/ kiṃ tathāgatasyaiva bhagavan dharmaṃ deśayato na kāṃkṣati na vicikitsati, na śrāvakasya/bhagavānāha, śrāvakasyāpi subhūte dharmaṃ deśayato na kāṃkṣati na vicikitsati/ tatkasya hetoḥ, tathā hi tena bodhisattvena mahāsattvena anutpattikeṣu dharmeṣu kṣāntiḥ pratilabdhā/ tena sarvadharmāṇāṃ dharmatāmaviruddhāṃ sṛṇoti sṛṇvaṃśca na kāṃkṣati, na vicikitsati/

（小品般若）復次須菩提、阿惟越致菩薩、若従二如来一聞二説法一時、心無レ所レ疑。須菩提白仏言、世尊是菩薩但聞二如来説法一時心無レ所レ疑、聞二声聞人説法一時亦無レ所レ疑耶。須菩提、是菩薩従二声聞人一聞レ法時亦無レ所レ疑、何以故、是菩薩於二諸法中一、得二無生忍一。

右はさきに掲げた大品系般若経のダーラニーを説く経文と相応する一文であるが、前者にみられるダーラニーの語がここにはみられず、かわりに「無生忍」があるのみである。両者とも経意はまったく同じであるから、ここに説かれる「無生忍」が何らかの理由で大品系ではダーラニーの語と入れかえられたものと思われる。その理由は明らかではないが、右の事実は両語の親密性を暗示していることは確かである。

「無生忍」または「無生法忍」（anutpattikadharmakṣānti）は文字通りには空・不生の真理を容認すること、であるが、この語も大乗独自のもので般若経とは深い関係をもっている。般若の教説が世に現れたとき、その教説にはじめて接する人々の中には疑いや怖れをいだく者が多くいたにちがいない。そのような人々にたいして、大乗の菩薩たちはまず自ら無生法忍を体得して不生の空を実践し、人々にこれを説き示すことが必要であった。それまで小乗の教えにのみ接していた人々にとって、法空・法無の教えを容認し実践するには大いなる決意を要したことと思われる。無生法忍と大乗教徒たちは種々の非難や迫害に堪え、勇猛果敢に般若の教説を世に弘めんとつとめたことであろう。

はそうした菩薩たちの積極果敢な勇気と決断を含意する語である。そしてダーラニーはそのような積極的な行信を内容とする無生法忍と入れかわったのであるから、この語も当然般若にたいする深い理解と力づよい聞信を意味するものであった。

ダーラニーが般若の空を理解し確信するものであることは、支婁迦讖の訳とされる『阿闍世王経』に説かれるダーラニー（総持）の教説にもうかがわれる。ここにはダーラニーが空観の立場から説かれており、空・無相・無願をもって一切法を憶持することがダーラニーである、とされている。またダーラニーは無尽であり不可量であり無辺の虚空界に等しいものともされている。[11] 般若波羅蜜の過現未を通じて一貫して説かれる普遍の教えであり、その疑う余地のない真実空性を聞信し憶持することが大乗の菩薩の永遠の課題であり目的であった。ダーラニーが大乗の諸法門のなかでも重要な位置をしめるのはこのためであるが、ダーラニーをそなえている菩薩はそれに付随して他の重要な諸徳をもかねそなえることができる、とされている。それはダーラニーが般若波羅蜜の憶持であるため、般若波羅蜜が甚深広大であるのと同様にダーラニーの威力もまた甚深無量であるからである。『阿闍世王経』ではダーラニーが虚空界に比せられているが、これは一切法を能持するダーラニーの容器が虚空のごとく無限大であることを象徴している。ダーラニーは「総持」とも訳されるが、この意訳語はダーラニーの容量の大なることはもちろんのこと、その功徳や威力の大なることをも意味している。多くの大乗経典において、ダーラニーはさまざまの異なった名称をもち、数百・数千ないし無量・無数のダーラニー門があるとされるのも、それがもつ内容の豊富さと功徳の大きさとを物語っている。

二

大品系般若経にダーラニーの種々の功徳がつぎのように二十種にまとめられている[12]

〔摩訶般若〕〔如是知当得二十功徳、何等二十〕得強識念、得慚愧、得堅固心、得経旨趣、得智慧、得楽説無礙、易得諸余陀羅尼門、得無疑悔心、得聞善不喜聞悪不怒、得不高不下住心、得無増減、得善巧知衆生語、得巧分別五衆十二入十八界十二因縁四縁四諦、得巧分別衆生諸根利鈍、得巧知他心、得巧分別日月歳節、得巧分別天耳通、得巧分別宿命通、得巧分別生死通、得能巧説是処非処、得巧知往来坐起等身威儀。

〔放光般若〕一得強識念、二得慚愧羞恥力、三得堅固行力、四得覚知力、五得弁才工談語力、六得陀羅尼不難力、七所語不説不急之事、八終不孤疑於経、九聞善不喜聞悪不憂、十亦不自貢高亦不自卑、十一進止安詳不失威儀、十二暁了五陰六衰、十三善於四諦十二縁起事、十四善知識因縁事、十五善於法慧能満具諸根、十六知他人所念吉凶報応、十七善於天耳徹聴自識宿命、十八善知衆生所生、十九能消諸漏、二十善於往来処処教授。

〔大般若第二会〕得強識念、得勝慚愧、得堅固力、得法旨趣、得増上覚、得殊勝慧、得無礙弁、得総持門、得無疑惑、得違順語不生恚愛、得無高下平等而住、得於有情言音善巧、得蘊善巧界善巧、処善巧諦善巧、得縁起善巧因善巧縁善巧法善巧、得根勝劣智善巧他心智善巧、得観星暦善巧、得天耳智善巧宿住随念智善巧神境智善巧死生智善巧、得漏尽智善巧、得説処非処智善巧、得往来智善巧威儀路善巧。

〔二万五千頌〕念あるもの（smṛtimat）となり、思慮あるもの（matimat）となり、知恵あるもの（gatimat）となり、堅固なもの（dhṛtimat）となり、愧心をもち（hrīmat）、智慧あるもの（prajñāvat）となり、弁才をそなえ（pratibhānavat）、このダーラニー門を労易くしてえ、疑問がなくなり、無思慮（vimati）とならず、他人から称讃の言葉を聞いて喜ぶものとならず、増悪の言葉にいからず、高慢（unnata）にならず、卑下（avanat）せず、住処相応のものとなり、言語（ruta）に善巧となり、蘊（skandha）に善巧となり、界（dhātu）に善巧となり、処（āyatana）に善巧となり、諦（satya）に善巧となり、縁起（pratītyasamutpāda）に善巧となり、因（hetu）に善巧となり縁（pratyaya）に善巧となり、法（dharma）に善巧となり、根が円満である智（indriyaparipūrṇa-jñāna）に善巧となり、他心智（paracitta-jñāna）に善巧となり、識神通（ṛddhi-vidhi-jñāna）に善巧となり、天耳通（divyaśrotra-jñāna）に善巧となり、宿命通（pūrvanivāsānusmṛti-jñāna）に善巧となり、生死通（cyutopapatti-jñāna）に善巧となり、漏尽通（āsravakṣaya-jñāna）に善巧となり、処非処智（sthānāsthāna-jñāna）に善巧となり、往来（atikramaṇa）に善巧となり、威儀（īryapatha）に善巧となる。

これらの諸功徳は右の各本で多少の異動と出没があり完全には一致しないが、ほぼ同じものが二十種にまとめられているとみてよい。右のうち『摩訶般若』には『智度論』の解説があるので[13]それにもとづいて内容を窺うと、まず第一の「強識念」（smṛti）とはつよい記憶力を指している。これはダーラニーの性質を示す「dhāraṇa」（受持または憶持）が記憶を意味すると考えられるから、これをダーラニーの本質とみて第一に掲げたものであろう。『智度論』ではこれを「常に諸字相を観じて修習し憶念するが故に強識念を得る」と説明している。

つぎに「慚愧」（hrī）とは『智度論』では「諸善法を集めて諸悪法を厭うが故に大慚愧心を生ず」と説明されている。これはダーラニー・聞持の性格が真理の法の憶念で不善法を含まないから、清浄のダーラニーによって心中の悪法が駆逐されることをいう。ダーラニーに能持と能遮の意味があるとされる[14]のもこのためで、この功徳はのちにのべるようにダーラニーと聞熏習との関係を暗示している。

つぎに「堅固」（dhṛti）とは、すでにのべたように無生法忍のごとき勇猛心を指すものと思われる。『智度論』ではこれを「諸福徳智慧を集めるがゆえに心堅固を得ること金剛の如くないし阿鼻地獄事にして尚阿耨多羅三藐三菩提を退かず、何を況んや余の苦をや」と説明している。ダーラニーによって福徳智慧をあつめた菩薩は心堅固となり、たとえ地獄にあっても無上菩提心を失わない。ましてや地獄以外の諸々の苦しみに会って心がひるむことはありえない道理である。

つぎに「経旨趣」は『大般若』では法旨趣となっているが、これにあたる語は『放光般若』にはなく、『二万五千頌』にも相当する語がみあたらない。しいて関係を求めれば『二万五千頌』の「gati」が経旨趣の趣にあたるとも考えられるが「gati」はチベット訳では「rtogs-pa」となっている。[15] したがってこれは「gati」が思慮分別の知恵であり趣（gati; hgro-ba）ではないことを示している。『摩訶般若』や『大般若』は誤って智慧の「gati」を旨趣と訳したものであろうか。『智度論』はこれを「仏の五種方便を知りて法を説くこと」であるとしている。五種とは⑴種種門を作して法を説くことを知る、⑵何事のための故に法を説くかを知る、⑶方便を以ての故に説くことを知る、⑷理趣を示すが故に説くことを知る、⑸大悲心を以ての故に説くことを知る、であるが、このことと経の旨趣を得ることとの関係は今一つ明瞭ではない。いろいろ疑問は残るが、こゝでは経旨（趣）をえることが知恵（gati）であると会通しておきたい。

つぎに「智慧」（prajñā）とはいうまでもなく般若波羅蜜の智慧を指している。『智度論』はこれを解説して、「菩薩はこの陀羅尼によって分別して諸字を破散するに言語も亦空なり、言語空なるが故に名も亦空なり、名空なるが故に義も亦空なり、畢竟空を得れば即ち是れ般若波羅蜜の智慧なり」とのべている。「分別して諸字を破散する」というのは、この二十種のダーラニーの功徳が四十二字門のすぐあとに説かれているため、四十二の各字門が字義の空を説くことを示している。すなわち阿字（a）より茶字（dha）にいたる各字が不可得であることを観想し、諸字の不可得により名称や概念の空を知り畢竟空を証得する智慧がダーラニーであるとされるわけである。

つぎに「楽説」とは弁才（pratibhāna）のことであり四無碍智の一つである弁才無碍智を指している。ダーラニーによって一切法を記憶していれば同時にあらゆる法門を巧みに説いて聞かせることが可能である。論によると、楽説とは「既に是の如く畢竟清浄無碍の智慧を得れば本願大悲心を以て衆生を度す」ことであるという。これは菩薩であるかぎり、法門の憶持のダーラニーが自受法楽にとどまらずに、衆生を度すための慈悲説法としてはたらき出でなければならないことを示している。

つぎに「諸陀羅尼門」とは四十二字門の「文字陀羅尼」が他の多くのダーラニー門を摂する根本的なものであることを意味している。論によればダーラニー説は略説しても五百の陀羅尼門があり、広説すれば無量であるが、まず字等の陀羅尼門の大なることを説けば他はすべて説かれる、という。[16] また喩えていえば竹を破るとき最初の節を破れば他の節は容易に破れるように、「文字陀羅尼」をえると他のダーラニーは自然にえられる、とのべている。

つぎに「無疑悔心」とは、『放光般若』に「終不㆑孤㆓疑於経㆒」とあり、般若の法門にたいする無疑すなわち確信を指すものである。論ではこれを「諸法実相中に入り未だ一切智慧を得ざるといえども、一切深法中において疑なく悔なし」と説明している。

つぎに「聞善不喜聞悪不怒」とは、称讃や非難の言葉に心を動かされない不動心を指すものと思われる。論はこれに関して「文字等のダーラニーは諸字において平等にして愛憎あることなし、又この諸字因縁未だ会せざるとき亦終帰なく亦現在なし亦所有なし、云々」[17] とのべている。考えてみれば言葉は好悪の色わけのない諸字のあつまりであって、実体はなく無自性なものである。したがってダーラニーによって各字の不可得を悟れば、実体のない言葉に心が散乱することはなくなるわけである。

つぎに「不高不下住心」と「無増減」とは、『二万五千頌』にみられるように「高慢とならず、卑下せず、住処相応のものとなる（yathāsthita eva bhaviśyate）」心の状態を指している。したがってこれは身分不相応の慢心やまたはその逆のみだりに卑下のない平静心をいうものと思われる。論では不高不下とは憎愛を断ずるが故なり」とあるのみで詳しい説明はみられない。

つぎに「善巧智衆生語」とは、もろもろの衆生の言語や機根に知悉することである。論には「一切衆生の言語三昧を解すを得る」こととされている。ダーラニーにもとづいてあらゆる衆生の言葉を理解することができるのであるが、そのことは、同時に、衆生の種類に応じて無限の教化・説法が可能であることを意味している。

つぎに「巧分別五衆十二入十八界十二因縁四縁（四諦）」は、仏の教法がまとめられたものであって、総持としてのダーラニーをえることによって、一切の教説・教法に通達することを示している。

つぎに「巧分別衆生諸根利鈍」とは、前の「善巧知衆生語」と同様あらゆる衆生の機根を知ることと解される。しかし『二万五千頌』をみると「indriyaparipūrṇa-jñāna」となっており、これは「根が完全である智」の意であって『放光般若』の「善二於《クスル》法一慧《ヲ》能《ク》満二具《ス》諸根《ヲ》一」の訳に一致するように思われる。そうするとこれは衆生の機根を知る智慧ではなく、自らの根が円満である智慧を意味することとなる。しかし『二万五千頌』のチベット訳は「indriyavarāvara-jñāna」となっていて[17]右の『摩訶般若』の訳および『大般若』の「根《ノ》勝劣《ヲ知ル》智」の訳に合致している。

つぎに「巧知他心」より「巧分別生死通」までは諸神通を列挙したもので、ダーラニーをえることによって他心・宿命等の神通（abhijñā）に通じることを示している。『摩訶般若』では他心通のつぎに「巧分別日月歳節」が出されているが、『放光般若』では他心通としての「知他人所念吉凶報応」があげられているのみである。（『二万五千頌』とチベット訳には他心通のつぎに識神通、天耳通、宿命通とつづいている。）しかし『大般若』には『摩訶般若』と同様、他心智のつぎに「観星暦善巧」が別出されている。これは思うに『放光般若』の他人の心中の吉凶報応を知るという他心通が二つに分けられて、吉凶を感知することは日月の運行に通じるものとされた結果ではないかと考えられる。しかし論ではこの「日月歳節」の項目に念入りな解説を施している。それによると、一日一夜は三十時間よりなり、一ケ月は三十日（または三十日半、二十九日、二十九日半）よりなり、一年（一歳）は十二ケ月あるいは十三ケ月よりなり、三百六十五日である。このように日月はそれぞれ各時各日が和合してできているのみで何ら実体はなく、日月の和合の上にある世間法も如幻如夢で無所有である云々、としている。他心通の吉凶報応を予知することから日月歳節の善巧がみちびかれたとすれば、右の説明はやや的はずれなものといえそうである。

つぎに「巧説処非処」は如来十力の一である「処非処智力」(sthānasthānajñāna-bala)に通じるものと思われる。

最後に「巧知往来坐起等身威儀」は一切法に通達した菩薩は如法に往来し起居することができるという功徳を示したものである。

以上がダーラニーの二十種の功徳とされるものであるが、右のなかでもとくに注意すべきものは第一にあげられる強識念すなわち憶持力(念)と第六にあげられている無碍智としての弁才である。これらは教法の憶持としてのダーラニーが本来具えている特性ともいえる。なぜならダーラニーによって教法を憶持理解することが、そのまゝ義法詞弁才の四無碍智の獲得につながるからである。このためダーラニーと無碍智・弁才とは不離の関係にあり、ダーラニーの教説と合わせて無碍智や弁才を説く経典も多くみられる。その好例は『大集経』の「陀羅尼自在王品」のダーラニーの教説である。ここには八種のダーラニーのうちの一つに四無碍智の名が冠せられているし、他のダーラニーの内容もほとんどが弁才もしくは説法と深い関係をもっている。[18] そのことはこの品でなされている菩薩の四種の荘厳のうちの「ダーラニーの荘厳」の説明のなかにも明瞭にあらわれている。その内わけは無言の念、法の受持、法の意味・文字・語句の理解、巧みな弁才、あらゆる有情の言葉に通じること、果敢な説法、無碍智に悟入するなどの十種である。[19] このようにダーラニーが本来の性質である法の記憶(dhāraṇa 受持)の他にそれにもとづく弁才を内容としていることは、菩薩の自利利他の精神に合致するものといえる。さらにさかのぼれば、これは仏陀が菩提樹下の自受法楽の悟りから梵天勧請をへて世のために法を説き出された、そのかぎりない衆生救済の理念にかなうものである。

それゆえダーラニーには、三昧や念と関係した静の一面と説法や弁才と結びつく動の一面とが表裏一体となっていることが知られる。それが菩薩道の理念にもとづくことは当然であるが、この動と静の二面性は、ダーラニーが教法の憶持のための手段として一連の文字または語句を配列したいわゆる「字門」の教説を具有していたことに直接の原因が求められる。つまり記憶に便ならしめるために案出された一定の語群は、そのまま説法の手段として役立ちうるものであるからである。ダーラニーがただちに説法・弁才の法門となりうる根拠はここにある。

三

字門としてのダーラニー説がもっとも整備され各経典で説かれているのが「四十二字門」であるが、『般若経』に出るものが基本的なものである。『大品般若経』では「広乗品一九」に説かれており、先述のダーラニーの二十種の功徳は直接にはこの字門のダーラニーについていわれている。それは阿字（a）より荼字（ḍha）にいたる四十二の各字母とその字母を頭字とした一定の意味をもった語句の配列から構成されている。今そのうちの最初の五字門を「広乗品第一九」からとり出すとつぎのとおりである。[20]

阿字門一切法初不生故。　akāro mukhaḥ sarvadharmāṇām ādyanutpannatvāt/

羅字門一切法離垢故。　rakāro mukhaḥ sarvadharmāṇām rajopagatatvāt/

波字門一切法第一義故。　pakāro mukhaḥ sarvadharmāṇām paramārthanirdeśāt/

遮字門一切法終不可得故、諸法不終不生故。　cakāro mukhaḥ sarvadharmāṇāṃ cyavanopapattyanup-alabdhitvāt/

那字門諸法離名性相不得不失故。　nakāro mukhaḥ sarvadharmāṇāṃ nāmāpagatatvāt/

このような字母の選定と配列がどのような基準でなされたものか詳細は不明であるが、四十二字の中にはサンスクリットにない字母も含まれているので、インドの周辺の地に流伝した派生的語系字母説の影響がみとめられる。[21]とくに第三十九字の醝字（ysa 逸裟）は古代コータン語の字母に認められるところから、四十二の字母説は、于闐を中心とした西域地方の特殊の字母説がモデルになっているとも考えられる。この点については西域出土のカローシュティー文献などにもとづく種々の考察がなされているが、[22]なお未解決の問題も多く今後の解明を待たなければならない。いずれにしてもこの四十二字をもって一切の言語文字を代表させているのであるから、これを特定の言語のアルファベットとみることは可能である。

またこれを用いて実際に当時の人々に教化が行われたことも事実であろう。そして般若経を信奉する人々にはこれによって般若の法門が説き示されたわけであり、示した人はこの字門すなわちダーラニーに通暁した大乗の菩薩たちであった。その辺の事情は『摩訶般若』に「菩薩摩訶薩般若波羅蜜を行ずるとき衆生を教化す。善男子よ、当に善く学びて諸字を分別すべし。また当に善く一字ないし四十二字を知るべし。（中略）是の衆生応に是の如く善く四十二字を学ぶべし、善く四十二字を学び已って能く善く字法を説く。善く字法を説き已って善く無字の法を説く。[23]」とのべられていることから推察される。

このばあい字法を説くとは、いうまでもなく諸法の空無をさとり示すことであるから、右にみられるとおり、各字門に「諸法…不可得」が説かれている。これについて論は各字が否定の阿字（a）をもっているから、字をよく知ることはよく無字を知ることであり、無字がすなわち諸法の実相義である、[24]としている。この理論にしたがえば、各字で構成される anutpāda（不生）、rajas（垢）、paramārtha（第一義）、cyavanopapatti（生死）、nāma（名）などの語をはじめあらゆる語句や名称ひいては一切法が空不可得であることが理解される。すなわち各語は一定の名称概念を与えられていながら実質は実体のない無字のあつまりであるから、その概念は何ら実質性をもたない無義なるものである。このように四十二字門の教説は、各字が一定の概念名称を構成する要素であると同時にその構成された概念もまた空・無であるという二重の構造からなっている。文字や語句の通達がそのまま諸法の実相義に通じる、とされるのもこのためである。

この四十字門は『摩訶般若』のほかには『光讃経』（観品第十七）、『放光般若経』（陀羅尼品第二十）、『大般若』の「初会」（広大乗品一五―三）、「二会」（念住等品十七―二）、「三会」（善現品三―九）に説かれている。[25] 字母に与えられる意義は各経間でやや異なる所もあるが、四十二の字母とその配列はまったく同じであるといってよい。この事情は四十二字門が般若経以外の経典で説かれる場合でも同じである。たとえば『大集経』では四十二字門と同類のものが「陀羅尼自在王品」と「海慧菩薩品」に説かれているが、前者の説を異訳の『守護国界主陀羅尼経』とチベット訳に対照させるとつぎのとおりである。[26]

（陀羅尼自在王品）	（守護国界主陀羅尼経）	（チベット訳）
〔阿（a） 諸字之初、…阿之言無〕	阿字印、一切法性無生	無現行の印 abhisaṃskāra
（ra） ナシ	囉字印、一切法無染著	一切法無染着をえる印 rāga
波（pa）五、如来遠離除滅五欲pañca	跛字印、勝義諦門不可得	勝義諦を説示する印 paramārtha
遮（ca）眼、眼即無常可浄可見cakṣu	者字印、眼及諸行皆不可得	眼清浄の印 cakṣu
那（na）名、名真実無名 nāma	那字印、名色性相不可得	一切名色を完全に知る印nāmarūpa

これを般若経の説と比較すると、字母と配列は一致するが（ただし「陀羅尼自在王品」の波字の位置は異なる）、各字門の意義には多少の変遷がみられる。たとえば般若経では遮字門は「一切法終不可得」となっていたが、ここでは「眼清浄」（チベット訳）とされている。これは般若経の空不可得一辺倒の立場とは異なる大集経の独自性が顔を出しているとみてよい。

「華厳経入法界品」（Gaṇḍavyūha）に説かれる四十二字門は般若波羅蜜門として出ているので、[27] これは般若経の説を踏襲しているものと思われる。しかし各字に与えられる字義は般若経とはほとんどが一致していない。般若経では各字母を頭字とする語句によって字義が与えられていたが、「入法界品」の場合は字母と字義との間には必然的な関係がみとめられないものが多い。[28]このことは「入法界品」が般若経の四十二字門を受けつぎながら字義を改変して、独自の立場を保持していることを示すものである。

このように「陀羅尼自在王品」や「入法界品」の四十二字説が般若経の説を予想しつつしかも独自の立場を保っていることは、四十二字門が場所を変え時に応じて中味をかえて使用されたことを示している。四十二字は一種のアルファベットで、これによってすべての文字を代表させまた一切法を語りうるものであるから、各字の意義は固定したものではありえない。各字による説法は、あらゆる場所で一切衆生の機根に対処しなければならないからである。したがってもし各字義が固定したものであるとすれば、それはかぎられた場所でかぎられた大衆にしか対応しえないものとなる。しかしそれでは四十二字門は有限の教説となってしまい、無限の一切法を語る字門としての意義を失うことになる。このため般若経では般若の聴聞者にそれにもとづいて空不可得を教え、『大集経』では空の上に清浄の法門を追加して説き、『華厳経』でも独自の真理法門を語ることになったものと思われる。このように四十二字門はあらゆる衆生に対応して無量の説法を可能ならしめる法門である。ここに字門としてのダーラニーの意義と特色がみとめられるのである。

以上のように字門のダーラニーの教説は、ダーラニーがその無限の憶持力によって一切の言語に通じて無量の説法を可能にするということを遺憾なく示している。ダーラニーが楽説弁才と密接不可分の関係にあるのはこのためである。それは同時にこの弁才をもっとも得意とする法師(dharmabhāṇaka)とダーラニーとの親密な関係をも予想しているといってよいであろう。法師とダーラニーとの関係は、法華経の「陀羅尼品」では経典を受持・読誦する法師を諸天の招請句(=陀羅尼呪)によって守護するという形でみられるが、この場合はダーラニー句が真言句と同一視されている。[29]ダーラニー句がいかなる理由で真言(=神呪)と同化したかについては先述のとおり別に考察したところであるので、[30]ここで重複することはさけたい。ただ弁才としてのダーラニーと法師との関係は初期の大乗経典にもうかがわれるところから、ダーラニーをもつ法師を諸天が守護するという考えが発展して、ダーラニーと守護呪としての真言が結びついていったのではないかと考えられる。その場合ダーラニー説には右の字門にみられるような一定の字句の表がともなっていたために、これが守護呪と同化したという事情を考えてもよいかもしれない。それともう一つ大切なことは、ダーラニーが一切の有情の言語に通じることとされるときに、その有情の範囲はアスラやキンナラなどの天竜八部衆にもおよんでいることである。[31] 八部衆の言語とは実際にどのようなものを指すかは知るよしもないが、そのなかには諸天の守護呪のごとき真言を考慮すべきかもしれない。そうするとダーラニーは当初より神秘的な有情の言語としての真言にも通じることであったといえるのである。

しかもダーラニーはすでにみてきたように、あらゆる法門を記憶して説く菩薩の無碍智を内容としているから、それだけでも不可思議な性格を有していることは確かである。無限のひびきをもつ総持の漢訳名が、すでにダーラニーのもつ神秘性を象徴しているようにも思われる。ダーラニーが真言・神呪と同一視される思想的根拠は、このような総持の無限性にあるといえるかもしれない。しかしたとえそのような思想的根拠があるにしても、ダーラニーと真言とは般若経以来ながく関係せずに説かれてきている歴史があり、関係しても両者は手段と目的との結びつきにすぎないもので一体関係ではない場合が多い。このことを考慮せずに早急に両者が一致すると考えると、いろいろな矛盾や誤解が生じてくる。

四

その誤解の一つと思われるものに、「真言ダーラニー」の起源を三世紀に支謙によって訳された神呪経典に求める説がある。支謙訳の神呪経典とされるものに『無量門微密持経』、『八吉祥神呪経』、『持句神呪経』、『華積神呪陀羅尼経』があるが、このうち神呪が説かれているのは後の二経だけで、前の二経には神呪は説かれていない。すなわち

『微密持経』には持としてのダーラニーが説かれているが、これはすでに考察したとおり神呪ではなく念仏を内容とする菩薩の心地観門を指すものである。[32] したがってここに出される持句としての語句の表は諸仏の特性を列挙したもので、これによって仏を憶念し、清浄無量慧地としてのダーラニーを成就しようとするものである。諸仏の特性を列挙する一群の語句はダーラニーをえるための手段にすぎず、ダーラニーそのものではない。またこの経にはダーラニー（持）をすみやかに成就するために四法行があるとして、その第一に迹、敏、惟、棄、悲、調、滅、忍の八字義に入ることがあげられている。[33] これらはおそらく ka などの文字を頭字とする「karuṇā（悲）」などの語句を並べたものと思われるが原語を想定しにくい語（迹、敏など）もあり、詳細は不明である。ところがこの経典はこの他に数本の漢訳とチベット訳があり、それらではこの八字は pa, la, va, ka, ja, dha, śa, kṣa となっている。[34] これはすでに報告されているとおり、[35] 先述の四十二字門からの順を追っての摘出であることがわかる。そうするとこの八字義に入る法行とは四十二字観門に準ずることになる。法行とは各字の字義をとおして一切法に通達することを意味するものと思われる。このように『微密持経』のダーラニー（持）はいずれも語句や字義にもとづいて仏や法を憶念し思惟することを説くもので、ここにはダーラニーを呪とすることも神呪そのものも説かれていないことがわかる。したがってこの経を神呪の経典とみるわけにはいかない。

つぎに『八吉祥神呪経』であるが、この経は仏が祇耆崛山において舎利弗や弥勒を首とする比丘・菩薩に現在説法する八仏の名とその世界とをあげ、その功徳を説明している。[36] 八仏とは東方一恒沙にある満所願聚国の安隠嘱累満具足王如来至真無所著最正覚をはじめとする諸仏で、この仏名を聞いて受持・奉行したり他の人に解説すれば悪趣におちず無上道をえると説く。神呪とはこの八仏名を指しているが、仏名を神呪とすることは発展した解釈で、これについて大村西涯の『密教発達志』には、つぎのようにいわれている。[37]

八吉祥経、説㆘唱㆓八菩薩名㆒、則得㆓仏道㆒除㆗疾病㆖、其菩薩名即呪也。後世密教諸尊真言、多附㆓加奄及莎縛訶之句㆒、以呼二神呪一、其所二由来一古矣、是等所経皆陀羅尼経也。

これによると仏名を神呪とするのは後代諸仏にたいして与えられる奄（oṃ）とか莎縛訶（svāhā）とかの真言をもつ仏名をふまえた上での解釈であるから、ここで仏名をただちに神呪とすることには問題があると思われる。この経典は支謙訳とされているが、これは『三宝記』や『開元録』によるもので、[38]もっとも古い経録である『道安録』にもとづく僧祐の『出三蔵記集』には記載されていない。『出三蔵記集』には、支謙訳のものとしては右にあげた四経のうち『微密持経』が録されているのみである。[39]

そこで『微密持経』と『八吉祥経』との内容を比較してみると、訳語上の不一致が多く目につく。『八吉祥』では如来の等正覚を「無所著最勝覚」といい、それにいたる無上道を「無上平等之道」というが、これらは『微密持』では「至真等正覚」と「無上正真之道」となっており、[40]この後者の二は支謙訳の『維摩経』と一致する。[41]また『八吉祥』の「善男子善女人」にあたる訳語は『微密持』にはないが、この訳語は姚秦の鳩摩羅什の時代から普及したものである。支謙の『維摩経』には、これに相当する語は「族姓子族姓女」や「賢者子賢者女」などとなっている。[42]このことは支謙の時代にはまだ「kulaputra, kulaputrī」にたいする訳語上の統一がなされていなかったことがわかる。このことから「善男子善女人」の訳語をもつ『八吉祥』は、支謙以外の後代の訳者の手によるものではないかと推定される。

いま一つ問題となるのは『八吉祥経』においてダーラニーは「陀隣尼」と訳されているが、『微密持経』では「持」または「微密持」と訳されている点である。[43]『維摩経』では「総持」と訳されていて「持」とはなっていない。[44]しかも陀隣尼もしくは陀羅尼の音写語もみあたらない。この語は竺法護も「総持」と訳しており、支謙や法護のものと決定している訳書にはダーラニーの音写語は見出されないようである。「陀隣尼」は『放光般若』（無羅叉訳）で採用された訳語であり、「陀羅尼」は羅什の『摩訶般若』で使用されて以後一般に普及したものである。このことから『八吉祥』の陀隣尼も支謙以外の手による訳語であるように思われる。経では善男子たちが八仏およびその国土名を受持したり読誦したりするときに地獄などの「悪趣におちず、阿羅漢や辟支仏道をのぞまずして般涅槃し、必ず無上平等の道を逮得して常に陀隣尼に遇うことができる」としている。すなわち陀隣尼は仏名などを受持してえられる目的としての無上道とされている。かりに仏名を神呪としても陀隣尼は神呪という手段によってえられる最上の目的となるものであるから、ここに明瞭に神呪とダーラニーとの区別を理解することができる。以上のことから『八吉祥神呪経』についていは結論的につぎの諸点がみちびかれる。

①この経を支謙訳とすることは経録や訳語上に問題があり疑わしい。

②八仏名および八仏国土名は神呪ではなく、この経を厳密な意味で神呪経典と名づけることはできない。

③かりに仏名を拡大解釈して神呪であると考えても、これはダーラニーをえる手段であってダーラニーとは区別される。

つぎに同じく支謙訳とされる『持句神呪経』と『華積陀羅尼神呪経』についても、『八吉祥』のように経録や訳語上の問題があり、これらを支謙訳とすることは疑わしい。とくに『華積陀羅尼』はダーラニーに関して「華積陀羅尼呪」とか「一切陀羅尼」または「華積神呪」とする訳語がみられる。[45] これは陀羅尼と神呪とを同一視する思想にもとづくものであり、右の考察からこの経を支謙訳とすることには問題があるといわなければならない。

以上のように支謙訳の経典にはダーラニーを神呪と同一視する思想はなく、神呪を説く経典を支謙に帰すことはできないことから陀羅尼神呪が支謙訳にみられるという考えは再検討すべきである。別に考察したように[46]竺法護の『正法華経』には陀羅尼神呪（dhāraṇīmantra-padāni）を総持句と訳しているので、これが漢訳経典におけるもっとも古い陀羅尼神呪の用例の一であると考える。しかしこの用例は法護訳ではここにかぎられており、他の法護訳経典には神呪としてのダーラニーは説かれていない。このこともすでに指摘したとおりである。

中期以降の大乗経典には陀羅尼呪が多く現れるようになるが同じ経典でも『大集経』のような大部の経典になると古層の部分に憶持のダーラニーが説かれ、新しい部分ではダーラニーは呪として説かれるという傾向がみられる。(47) このダーラニーの神呪化の傾向は中期より後期にかけていっそう激しくなり、ついに純密経典におけるように、ダーラニーは真言陀羅尼となって神呪と区別されなくなってしまうである。しかしダーラニーの神呪化には長い歴史を要したため、神呪化の過程では一方にダーラニーは神呪として説かれても他方では神呪としての性格をもたないダーラニーがあることを考慮する必要がある。したがって中期以降の経典や論書に説かれるダーラニー説にも、われわれは慎重に対処しなければならない。

五

無着（Asaṅga 三一〇～三九〇ころ）の『瑜伽師地論菩薩地』には四種のダーラニーが説かれているが、(48) そのなかに呪ダーラニーが含まれているので、このダーラニー説はダーラニーが神呪化する過程のものと考えられている。これまでこのダーラニー説は法の憶持としてのダーラニーと、神呪としてのダーラニーを同時に説くものであるとされている。複雑な種々のダーラニー門が四種にまとめられたことに意味があり、便利な教説であるといわなければならない。その四種とは法・義・真言・菩薩得忍のダーラニーであるが、以下その各ダーラニーの内容を所説にしたがって検討していきたい。まず「法ダーラニー」とはつぎのように説かれている。

tatra dharmadhāraṇī katamā/ iha bodhisattvaḥ tadrūpaṃ smṛtiprajñābalādhānatāṃ pratilabhate yayā śrutamātreṇaivānāmnātān vacasā aparicitān nāmapadavyañjanakāyasaṃgṛhitan anupūrvaracitān anupūrvasamāyuktān apramāṇān granthān apramāṇaṃ kālaṃ kālaṃ dhārayati/

そのなか法ダーラニーとは何か。このばあい菩薩はこのような憶念と智恵の力を憶持することをえ、それによってただ聞いただけで（以前に）伝承したことがなく、口に出して諷誦したことがない語句や文章や音節の集合体を集めて正しく配列し、順序よく整えられた無数の典籍を無量の間憶持させるのである。

云何菩薩法陀羅尼、謂諸菩薩獲二一得如レ是念慧力持一、由二此力持一聞下未二曽聞一言上、未二温習一未二善通利一、名句文身之所二摂録一次第錯綜、次第結二一集無量経典一、経二無量時一能持不レ忘。

同様に「義ダーラニーは」つぎのように説かれている。

tatrārthadhāraṇī katamā/ pūrvavat/tatrāyaṃ viśeṣaḥ/teṣāmeva dharmāṇāmapramāṇam artham anāmnatam aparicitaṃ manasā apramāṇaṃ kālaṃ dhārayati.

そのなか義ダーラニーとは何か、前と同じである。そのうち異なる点はこうである。（以前に）伝承したことがなく、心に留めたことがない諸法の無量義を無量の間憶持させるである。

云何菩薩義陀羅尼、謂如二前説一、此差別者、即於二彼法無量義趣一、心未二温習一未二善通利一、経二無量時一能持不レ忘。

これをみても明らかなように、法および義のダーラニーとは憶念と智慧の力を指しており、これをえている菩薩は諸仏の無数の教説とその意義を一度聞いただけで長く記憶して忘れることがない。したがってこれら二つのダーラニーは、般若経以来伝統的な憶念・憶持のためのダーラニーと同じものであることがわかる。

つぎに「呪ダーラニー」とはつぎのように説かれる。

tatra mantradhāraṇī katamā/iha bodhisattvaḥ tadrūpaṃ samādhivaśitām pratilabhate/yayā yāni mantrapadāniti saṃśamnāya sattvānāṃ adhitiṣṭhanti/tāni siddhāni bhavanti, paramasiddh-ānyamoghānyanekavidhānām itināṃ saṃśamnāya/

そのなか真言ダーラニーとは何か。このばあい菩薩は以下のような、すなわちある諸真言が衆生たちの病をしずめるために加持するとき、多くの病気がしずまるための有効な最高の成就となる真言の成就があるような、三味の自在をえることである。

云何菩薩呪陀羅尼、謂諸菩薩獲二得如レ是等持自在一、由二此自在加被一、能除二有情災患一、諸呪章句、令二彼章句悉皆神験一、第一神験無レ所二唐捐一、能除二非レ一種種災患一。

ここでは真言ダーラニーは真言が加持することであり、それによって病気がしずまる真言の成就を意味している。しかもそれは三昧の内容とされているから、このダーラニーは直接真言を指していない。このことは「mantradhāraṇī」を「真言というダーラニー」（同格限定複合語）と理解してはならず、「真言を成就させるダーラニー」（格限定複合語）とでも理解すべきことを意味している。そうするとこのダーラニーは真言ダーラニーの名称をもちながら直接真言を内容としていないことになり、むしろ三昧や憶持としてのダーラニーの性格を保持していると考えることができる。これはダーラニーと真言との関係交渉を考える上で一つの視点を提供するものである。すなわちこの「真言ダーラニー」は内実は真言を成就させる三昧なのであって、真言はその契機（手段）となるものである。

これと同じことがつぎの「菩薩得忍ダーラニー」についてもいえると思われる。

tatra katamā bodhisattvasya bodhisattvakṣāntilābhāya dhāraṇī/ iha bodhisattvaḥ svayaṃ prагāḍhahetucaritaḥ prajñāvāṃ praviviktavihārī vācam apy anudīrayan darśanapatham apy anāgacchan kenacit saha tathā mātrābhojī asaṃkīrṇabhojī ekaprakārāśanabhojī pradhyānaparataḥ alpaṃ rātrau svapan bahu jāgran yānimāni tathāgatabhāṣitāni bodhisattvakṣāntilābhāya mantrapadāni tadyathā iṭi miṭi kiṭi bhikṣānti padāni svāhā/ ity eteṣāṃ mantrapadānāṃ arthaṃ cintayati tulayati upaparīkṣate/

そのなか菩薩が忍をえるためのダーラニーとは何か。このばあい菩薩は自ら堅固な因を行じおわって智恵を有するものとなり、寂所に住し、言葉も発せず、何人もその視界にきたらず、適量に食べ、汚れたものを食べず、一種類のものだけを食べ、禅思に専心して夜は少し眠り、長時間目覚めていて如来が説かれた菩薩忍をえるための真言の呪句である「イティ　ミティ　キティ　ビクシャーンティ　パダーニ　スヴァーハー」というこれらの真言句の意味を思惟し、思索し、熟考する。

云何菩薩能得二菩薩忍陀羅尼一謂諸菩薩成二就自然堅固因行一、具二‐足妙慧一、独処二空閑一寂無二言説一、曽無レ有レ物見レ路而行、知レ量而食不レ雑二穢食一、一類而食、常極静慮於二夜分中一少眠多寤。於下仏所レ説得二菩薩忍一諸呪章句上、能諦思惟、其呪詞曰、壱胝蜜胝吉胝毘羼底鉢陀膩莎訶、即於二如レ是呪章句義一、審諦思惟籌量観察。

以下繁雑をおそれてサンスクリット文を省略し、和訳と漢訳のみを出すことにしたい。

これらの諸真言句について以上のように正しく理解したものは、同じように誰からも聞かずに自身で意味を通達する。すなわちこれらの真言句にはいかなる意味も成就されていず、これらは無意義なものである。したがって無意義ということがこれらの〔句の〕意味である。それゆえこの他に他の義を考究せず、それだけで真言句の意義はよく通達されているのである。かれ（菩薩）はそれらの真言句の意義を正しく通達してその意義に随順して一切法の意味をも正しく理解し、他から聞かずに自分一人でも同じように〔正しく〕意味を理解する。

かれはそれらの真言の句義を正しく理解して、その意義にもとづいて一切法の意義を正しく理解して他から聞かないで自分一人でも同じように意義に通達する。一切法の自性の意義は成就されていない。これら〔の諸真言〕は、不可言を自性としている。これがまさしく諸真言の本来の意義である。菩薩は一切法の本来の意義を正しく理解して、それ以外の別の意義を追求しない。そしてその意義の通達をとおして崇高な喜びと満足とをえる。この菩薩によってえられたこれらの「ダーラニー句」にもとづいて菩薩忍であるといわれるべきである。そしてそれをえてかの菩薩はほどなく増上意楽の清浄をえて、最上信解行地の忍に進む、これが菩薩の菩薩忍をえるためのダーラニーであると知るべきである。

彼於ニ如レ是呪章句義一、如レ是正行、不ニ従レ他聞一自然通達、了ヿ一知如レ是諸呪章句都無レ有レ義是円成実一、但唯無レ義、如レ実了ヿ一知此章句義一、所謂無義、是故過レ此不レ求ニ余義一、斉レ此名為ニ妙善通ニ一達呪章句義一、彼於ニ如レ是呪章句義一正通達已。即随ニ此義一不ニ従レ他聞一、自正通ニ達一切法義一、謂於ニ此義一如レ是通達、一切言説所レ説諸法自性之義皆不ニ成実一、唯有ニ諸法離言自性一、是自性義、彼於ニ諸法一此自性義正通達已、過レ此更無ニ余義可レ求。由ニ於此義一善通達故、獲ニ得最勝広大歓喜一、由レ是菩薩得ニ陀羅尼一。当レ言ニ已得ニ此陀羅尼章句所レ立菩薩勝忍一、得ニ此忍一故、是諸菩薩不レ久当下得ニ浄勝意楽ニ已依ニ上品勝解行地勝忍ニ而転上、当レ知是名ニ菩薩所有能得ニ菩薩忍一陀羅尼。

引用が長くなったが、ここにはダーラニーの教義について示唆に富んだ記述が多くみられる。まず先述の真言ダーラニーとの関連で注意すべきものは「イティ、ミティ…スヴァーハー」という真言句であるが、これは「菩薩忍をえるための真言句」であるとされている。いま問題としている「菩薩得忍ダーラニー」とは「菩薩忍をえるためのダーラニー」であるから、一見すると真言句とダーラニーとは同じ意味をもっているかのようである。また右の引用文中には真言句に相当するような「ダーラニー句」という表現もみられるから、真言とダーラニーとの関係はいよいよ親密であるといわざるをえない。しかしこれはあくまで表現上そういえるのであって、よくみると真言句のあと「(菩薩は)これらの真言句の意味を思惟し、思索し、熟考する」となっている。そしてその思惟の内容は「これらの真言句にはいかなる意味も成就されていず、これらは無義であると通達する云々」といわれている。これによると、このダーラニーは真言句にもとづいて、真言が無義であることはもちろん一切法も自性上何ら実体をもたないものであり不可得であることを通達すること、であることがわかる。さきに考察した般若経の四十二字門の教説は四十二字の一一について各字は無字であり、したがって各字によって構成される一切の名称や概念は空不可得であるとされていたが、いまの菩薩得忍のダーラニーもこれと同じように空不可得を教える教説であるといえる。そうすると四十二字門の各字がそうであったように、この場合の真言もダーラニーを直接指すものではなく、空不可得を実践しリアライズする手段にすぎないものである。したがってここでいわれる「ダーラニー句」という表現の内容もさきの「真言ダーラニー」と同様「ダーラニーという(真言)句」ではなく、「ダーラニーをえるための句」と解さなければならないことになる。

このように四種ダーラニー説はダーラニーと真言とが一見不可分離に結びついた教説であり、「真言ダーラニー」を知る後世の目からみればこのダーラニーは真言と何らえらぶところがないと判断されても仕方がない一面をもっている。しかし仔細にそのダーラニー説の中味を検討すると、右のとおり両者が一致するのは表現上のことにすぎず、内実は両者が従属関係にあることを明瞭に看取できる。考えるに般若経の四十二字門の各字はそのまま真言(種子)でもあるため、これを合成した真言句をダーラニー門で採用した結果みちびき出されたのが、右のような四種ダーラニー(とくに菩薩得忍ダーラニー)の教説であるように思われる。

六

この四種ダーラニーはダーラニーを理解するための一つの基準となるもので、ダーラニーを論ずるときはいつも例証として出されている。たとえば親光の『仏地経論』には、経の一切陀羅尼門を説明するなかで、ダーラニーとは増上念慧にしてよく無量の仏法を任持して忘失せざらしむ云々、とあり、さらにダーラニーは一法の中に一切法を持し、一文中に一切文を持し、一義中に一切義を持し、無量の諸功徳を摂蔵するから無尽蔵と名づけるが、略すれば四種ありとしている。[49] また窺基の『成唯識論述記』(第十)にも『成唯識論』(第九)に説かれる三地の聞持陀羅尼を説明して、これは右の『菩薩地』に説かれる四種ダーラニーのうちの法・義ダーラニーであるとしている。[50] その他『三昧王経』の注釈書にもこの四種ダーラニーでダーラニー説がまとめられている。[51] 弘法大師の『陀羅尼義』にはひろく陀羅尼および真言の意義が解説されているが、冒頭に陀羅尼に四種ありとして、『菩薩地』の四種ダーラニー説が引用されている。[52] ダーラニーは無量の仏法を任持するといわれるだけに多くの性質や功徳をもっており、あらゆる衆生の機根に対応するものである。ダーラニーは広説すれば無量となるが、四種ダーラニー説はその無量の法門が手際よく四種にまとめられているので、古くからダーラニー門を解明する一つの手がかりを与えているわけである。

しかし四種ダーラニーが基準とされるといっても、いつの場合にも四種ダーラニーが引用されてその説明だけでダーラニー門がすべて片づくというものではない。このことはとくに菩薩の階位において説かれるダーラニーについて注意されるべき点である。すなわち『菩薩地』では四種ダーラニーの菩薩得忍ダーラニーが信解行地に入るものであるとされていたが、『成唯識論』の聞持ダーラニーは三地の総持《ダーラニー》で法・義ダーラニーであるとされている。これは四種ダーラニーの各々を階位上区別するものではなく、それぞれの階位で同じダーラニーが質を異にすると考えるべきである。右にあげた『仏地経論』では四種ダーラニーは妙観察智の内容である「一切陀羅尼門」を説明するものであり、そこでは第十地の菩薩の智慧の一面を規定している。『十地経』でもダーラニーはある場合は第五地の法師がえるものであり、第八地以上の菩薩の場合は憶持不忘のダーラニーをえて、衆生を成熟させる、と説かれている。[53] このように同じダーラニーが種々の階位で修習される場合には受け入れる側の階位に応じてダーラニーに質的な差が出るのである。これについては『大乗荘厳経論』の第十八章（覚分品第二一）に説明があり、[54] そこでダーラニーは異熟と聞の数習と三昧との三に分類されていて、前の二は小であり、後の一は大であるといわれる。さらに大の三昧のダーラニーは三種に分たれ、未入地者には軟、入地の未清浄者には中、清浄者には大のダーラニーがあるとされている。

ダーラニーの分類についての三頌（梵文第十八章第七一～七三偈）

異熟により、聞の数習により、三昧によってダーラニーがある。
それは小と大とであり、さらに大は三種がある。
未入と已入と未清浄地の諸賢者には軟と中とがあり、

大は清浄地（の賢者）にぞくするものである。
諸菩薩はこれによっていくどもいくども
つねに正法を演説し憶持する。

安慧は右の第七二偈を解釈してつぎのようにのべている。[55] すなわち未入地の信解行地の者は三昧を少し修するだけであるから、（三昧の）ダーラニーをえることは小である。小であるとは、法界を現証していないためである。地に入った賢者・菩薩のダーラニーは初地以上七地以下は未清浄の三昧にもとづいて地を成就する者のダーラニーであり、それらの地の修行はまだ努力や苦労をともなうものであるから中である、とされている。これにたいして清浄地の大のダーラニーは第八・九・十地の清浄地に住する三昧から生じたもので、もはや努力なくして無功用に修するものであるから大である、といわれている。

このように各地にそれぞれのダーラニーがあるということは、ダーラニーをえる側の能力や段階に応じてダーラニーの性質や威力が異なることを意味している。それゆえ右の第七三偈では、菩薩が自らの階位を高めていく過程でたえずダーラニーにもとづいて正法の演説と受持があることを強調しているのである。

ところで安慧は異熟等の三種についてこのように説明している。[56] まず異熟のダーラニーとは、「他生において正法を憶念し、供養し、受持し、書写するなどのダーラニーをえるための善業をあつめることにより、ある生存に生じきたれる蘊を現成する。そのある蘊を成ずるにより仏と諸菩薩とによって説かれたもろもろの義と句とを一時に説かれても普く受持することができる、これが異熟より生じたダーラニーであるといわれる。」としている。つぎに聞修のダーラニーとは、「この世において多くの善友について多くの法を多時にわたって聞くことにより、仏や菩薩などによって説かれ賢者や智慧者などによって説かれた法の義と句とをあますところなく受持することができる、これが聞修より生じたダーラニーであるといわれる。」とのべている。また三昧のダーラニーとは、「あるものの空性と無相と無願の三昧などの三昧をかれこれ修し、現証することと諸仏諸菩薩によって説かれたもろもろの義と句とを頓に能持することができることが、三昧のダーラニーであるといわれる。」という。この説明をみてもわかるように、三種のダーラニーのいずれもが諸法の義と句とを能持するという点で共通している。その同じ性質をもつダーラニーが、同一人の過去の他生の善業の積聚と今生の善業である聞修を重視して、異熟と聞修のダーラニーに分けられている。さらにその上に空・無相・無願の三解脱門を内容とする三昧のダーラニーが加えられるのであるが、これは聞(修)の智慧が思・修の二慧を合せてさらに深まることを示すものと思われる。

伝統的な解釈にしたがえば、三昧は心相応(心所)であるのにたいしてダーラニーは心相応でもあり心不相応でもあるとされている。しかしこの場合もダーラニーは三昧を修したのちに成ぜられるもので、三昧が実相の智慧をともなってダーラニーを生ずるといわれる。すなわち三昧にもとづく実相の智慧がなければ火に焼かれない坏瓶のようなもので、ダーラニーは法水を任持することができないとみなされる。このような説[57]もダーラニーが三昧の修習をとおして憶持の威力をまし仏果にいたる無量の功徳をそなえることを示すものである。

こうして三慧をともなったダーラニーの実践は、未入地の信解行地から初地ないし十地へと深められていくわけである。『荘厳経論』の異熟・聞修・三昧のダーラニー説とほぼ同じものが『智度論』にも説かれており[58]、それは①一たび聞いて忘れない、②禅定に入って不忘解脱をえて一切の語言説法を一字一句まで忘れない、③神呪力、④先世の行業を因縁として生を受け所聞を持して忘れない、といわれる。これは聞持ダーラニーの説明のところで出されるものであるが、③の神呪力のほかは『荘厳経論』の三種のダーラニーと内容が同じである。ただ『智度論』では並列的に説かれていたダーラニーの諸性格が段階的に整理されて十地のなかに組みこまれたものが、『荘厳経論』の説であると考えられる。

ダーラニーが聞思修三慧を内容とすることと合せて考えるべきいま一つの問題に聞熏習(śruta-vāsanā)との関

係がある。聞熏習は『摂大乗論』などにみられる法界等流の教法を聞思修する説で、これによって輪廻の基体であるアーラヤ識（阿頼耶識）が対治されるといわれる。このばあい聞熏習とアーラヤ識との異熟識中における関係は水と乳との関係のようなものであるとされる。[59] つまり浄法界等流の正法を聞くことによって無漏の種子（聞熏習）が有漏の種子（アーラヤ識）を溶解するとするものである。一方ダーラニーもまた能持とともに能遮の性格があるとされる。能遮とは煩悩の対治であることは明らかである。[60] さらに両者の関係は語義の上からもたしかめられる。この点も別の所ですでに指摘したとおりであるが、聞熏習の熏習（vāsanā）は聞持ダーラニーの聞持（dhāraṇa）やさきの聞修（abhyāsa）と同義であることは用例上明瞭に首肯できる。[61] このように思想的にもまた語義の上からも両者の親縁関係は否定しがたいように思われる。

むすび

以上で大略多聞の熏習としてのダーラニー説の検討を終えたのであるが、各節で論じた点を最後に要約して本論のむすびとする。

一、ダーラニーの原意は『大品般若経』に説かれる「聞持ダーラニー」に示されてあり、「経説を憶持させるもの」の意である。これは無生法忍と同じく般若の教説を疑わない力づよい聞信を意味する。また三昧の禅定体験にもとづく般若波羅蜜の叡智を内容とするものであるから、その容器は広大で多くの功徳を有している。

二、ダーラニーの功徳は大品系般若経で二十種にまとめられているが、そのうち主なものは憶持力としての念と無碍智としての弁才である。ダーラニーが静の一面としての念のみならず動の一面としての弁才をそなえていることは、釈尊の衆生救済の理念にもとづく菩薩道の自利利他の精神に合致するものである。

三、弁才を内容とするダーラニーの性格がもっとも鮮明にあらわれているのは四十二字門のダーラニー説である。

四十二字は一種のアルファベットでこれにもとづいて一切の言語と意味に通じることができるから、これをえた菩薩はあらゆる法門を衆生の機根に応じて無量に説き示すことができる。字門のダーラニー説が特定の文字や語句の袁をもっていたことが真言呪との結びつきを容易にし、ダーラニーを神呪と同一視する傾向を生じた。しかし両者の関係はあくまで手段（真言）と目的（ダーラニー）の依存関係である。

四、ダーラニーを神呪と同一視することから、支謙訳とされる二、三の神呪経典にもとづいて、ダーラニー神呪の起源を三世紀以前に求める説がある。しかし支謙訳が決定している経典には陀羅尼呪は説かれず、逆に陀羅尼呪が説かれている経典を支謙訳とすることには問題が多く賛同できない。

五、真言句や真言ダーラニーをもつ『菩薩地』の四種ダーラニーを検討すると、ここでも真言や真言句は直接ダーラニーを意味しないことがわかる。真言は三昧を内容とするダーラニー観門の契機または手段となるものである。「菩薩得忍ダーラニー」では、真言句にもとづいて真言の無義ひいては一切法の不可得を通達するとあり、これは四十二字門の教説に理論上一致する。

六、四種ダーラニー説は種々のダーラニー門を理解する一つの基準となるものであるが、ダーラニーが十地などの階位の中で修せられるときには階位の上下に応じて質的な差がみとめられる。『大乗荘厳経論』では異熟・聞修と三昧のダーラニーが説かれていて小と大とに分けられている。さらに三昧のダーラニーが三種に分けられて未入地、初地ないし十地に配分されている。それは聞修のダーラニーが思・修の二慧を合せて深められていくことを示している。聞思修三慧を内容とするダーラニーは『摂大乗論』の聞熏習思想と関係があり、法界等流の無漏の種子としての聞熏習は、思想的にも語義の上でもダーラニー説と相応している。

注

① 本書一〇七頁以下参照。

② 水野弘元『南伝大蔵経索引』五六八頁に陀羅尼として、dhāraṇīの用例と、同五六一頁にダーラニー（総持）としてdhāraṇī の用例が各一回出されている。前者の用例は南伝六一巻「小王統史」三〇一頁に「神呪の保持のために快き陀羅尼殿を（建立せしめたり。）」とあり、これは神呪とダーラニーとの関係を暗示している。しかしこれには大乗の影響があるかも知れずなお今後の検討を必要とする。後者の例（南伝五、二九一頁）は大地を意味している。平川彰『初期大乗仏教の研究』二三四頁参照。

③ Lefman 校訂梵文『*Lalita-vistra*』二、八、三五、二七五頁。このうち八頁の用例は「一切の仏所説（の法）を受持し念ずる、不忘にして無辺無量の器であるダーラニー」となっている。

④ 前出『南伝大蔵経索引』の呪文の項（四〇八頁）に paritta, mantra, mantra-pada, vijjā, sacca（護呪、真言、真言句、真実語など）の用例が出ているが、dhāraṇī の用例は出ていない。これは原始経典に呪としてのダーラニーが存在しなかったことを示している。

⑤ 田久保周誉『真言陀羅尼蔵の解説』四頁。

⑥ 手段としての呪句がダーラニーに同化する過程については本書一一八頁以下参照。

⑦ 東大写本 No. 234, 308a—7〜308b—1, do. No. 235, 342b—10〜343a—2. チベット訳『一万八千頌』北京版二〇、七四—二—四〜七、同『二万五千頌』北京版一九、二九—二—三〜三—一、大正八、三四三下。

⑧ Cf. *The Yogasūtra of Patañjali*, p. 119. 松長有慶『密教の歴史』三三、三七頁。

⑨ 平川前出書二三〇頁参照。

⑩ P. L. Vaidya 校訂梵本『八千頌般若経』一六九頁。『小品般若波羅蜜多経』大正八、五六五下。

⑪ 大正一五、三九七上、北京版三五、一五—一〜二、四—五〜七。拙稿「般若経と文殊菩薩」密教文化一一五、十五頁。

⑫ 大正八、二五六中（「摩訶般若広乗品」）、同二六下〜二七上（「放光般若陀隣品」）、同七、八二中（「大般若第二会念住等品」）。東大写本 No. 234, 110b—9〜111a—4, do. 235, 133b—5〜134a—1.

⑬ 大正二五、四〇九中〜下。

⑭ 右同九五下。

⑮ 北京版一九（一万八千頌）、二六九—二—二。
⑯ 大正二五、四〇八中。
⑰ 北京版一九、二六九—二—六。
⑱ 拙稿「大集経におけるダーラニー説」印仏研二六—二、六一五頁以下。
⑲ 右同六一六頁。
⑳ 大正八、二五六上、東大写本 No. 234, 110a—7～8, do. 235, 133a—2～3.
㉑ 中村瑞隆他編者『梵字事典』一五頁。
㉒ 四十二字門のysa字について注目すべき論稿として ⑴ S. Lévi, Ysa (*Mémorial S. Lévi*, pp. 355～363.) がある。この論文の要点はysaの起源をクシャトラパ王 Caṣṭana の貨幣にある Ysamotikaputra Caṣṭana の名に求め、ysa が創作された年代を Ysamotika が在世した二世紀とする。また ysa はコータン語では ysama（土地、cf. zend. zem), baysä（仏）、baysūsta（菩提）、ysār（金、cf. zend. zairi, per. zer, tib. gser）などのように用いられているところから、これは摩擦音（spirante）またはサンスクリットでは ja に近い摩擦音（affriquée）、とりわけインド語のアルファベットにないイラン語の z および歯擦音（英語の th）に近い音を書きとめるために使われたとしている。ついでysa の漢訳に言及し、竺法護の伊陀（光讃経）、無羅叉の睉（=嵯、放光経）、鳩摩羅什の醝（摩訶般若）、仏陀跋陀羅の闍（六十華厳）、同じく地婆訶羅の闍（入法界品）、玄奘の逸婆（大般若）、実叉難陀の也娑（八十華厳）、同じく不空の也娑（四十二字観門）、般若の夷娑（大方広仏華厳経）を音韻上くわしく検討する。その結果は以上のように ysa と古代ペルシャ語（zend）の z との一致などを指示する、という。そして ysa を含むこのアルファベットはサカ族が領していたインド文化の故地であるカシミールかウジャインで生れたかそれともさらにとおく西方に近い国境の地（=新疆省）から伝わったものであろうと推定している。最後に四十二字門の西域起源説は、このアルファベットの最初の五文字（arapacana）が文殊の真言であるところから、文殊の起源を西域に求める氏自身の報告（J. A. 1912）とも合せて考察すべきであるとしている。S. Lévi のこの論稿にもとづいてさらに ysa および arapacana のアルファベットの起源や成立の地を考察したものが ⑵ Sten Konow, The Arapacana alphabet and the Sakas. (*Acta Orientalia* XII, pp. 194～207.) ⑶ F. W. Thomas, A Karoṣṭhi document and the Arapacana alphabet. (M. A. B., 1950, pp. 13～24.) である。このうち ⑵ では ysa が四十二字門にとり入れられた理由として仏教では重要な語である jarā（老）を第三十九番目にとり入れるときに ja 字はすでに第二〇番目に jāti の jaと

してあるのでサカ語の ysara（=jarā）を jarā のかわりにとり入れて ysa 字（門）が成立した、という。そして現存の『二万五千頌』ではこれがふたたびサンスクリット化して ja（rā）となっている、としている。しかしこの推定は ③ によって批判され、ja はサカ・コータン語の知識を含まずたんにアルファベット中の ysa の相当語としてえらばれたものである、と。なお (3) にはカローシュティー文献の一資料を追加してこのアルファベットの語順などの解明を試みようとしているが、充分にはたされていない。筆者自身がいうようにいまだ問題の解決は大きな確信を欠いたままで残されている。右のほかに四十二字門アルファベットの西域成立を推定したものに田久保周誉『批判悉曇学』（第一篇）がある。これは四十二字門を記載する経論がすべて西域諸国出身の訳者の手になるかあるいはその原典が西域地方に求められるかにかぎられる事実を指摘する。このことは五十字門説を伝える経典の訳経者がインド本国僧であるのとまったく対蹠的な例証である、としている。同書四二頁参照。なお右の研究のうち(1)(2)(3)の論文は竜谷大学の井ノ口泰淳教授の御教示により知りかつ入手した。ここに記して教授に甚深の謝意を表したい。

㉓ 大正八、三九六中。
㉔ 大正二五、六八六下。
㉕ 大正八、一九五下（「光讃経観品」）、同二六中（「放光般若陀隣尼品」）、同五、三〇二中（「大般若初会」）同七、八一下（「第二会」）、同四八九中（「第三会」）。山田竜城「四十二字門について」（日本仏教協会年報第三年）には、これらの諸例を合せた四十二字門の表と、他の大乗経典にあらわれる同種の用例が比較されている。
㉖ 大正一三、二三上下（「陀羅尼自在王品」）同一九、五三四下（『守護国界主陀羅尼経』）、北京版三二、三〇五―一―二～三（チベット訳）。
㉗ 大正九、七六五下（『六十華厳』）、大正一〇、四一八上（『八十華厳』）、鈴木大拙『梵文華厳経』四四八～四五〇頁。
㉘ 山田竜城前出論文二一〇頁。
㉙ 本書一一三頁～一一四頁。
㉚ 本論注⑥参照。
㉛ 前出「大集経におけるダーラニー説」一〇五頁。
㉜ 本書一二〇頁以下。
㉝ 大正一九、六八一中。

㉞ 右同六七八上、六八四上、六八七上、六九〇中、六九四上、七〇一上、七〇五下。
㉟ 山田竜城前出論文、二一六頁。
㊱ 大正一四、七二上～中。
㊲ 大村西崖『密教発達志』五二頁。
㊳ 大正四九、五八中、同五五、四八八上。
㊴ 大正五五、六下～七上。
㊵ 大正一四、七二上～中。大正一九、六八〇中、同六八一下。
㊶ 大正一四、五一九下、五二一中。
㊷ 右同五三六中、五三五中～下。
㊸ 大正一四、七二中、同一九、六八〇中～下。
㊹ 大正一四、五三三下。
㊺ 大正二一、八七四下～八七五上。
㊻ 本書一一四頁。
㊼ 前出「大集経におけるダーラニー説」一四頁および二五頁注⑭参照。
㊽ 『瑜伽師地論』(第四五)大正三一、五四二下～五四三上。他に『菩薩地持経』(第八)同九三四上～中。『菩薩善戒経』(第七)同九九六中～下、荻原雲来『梵本菩薩地経』二七二～二七四頁。宇井伯寿『梵文菩薩地索引』二六二～二六四頁。
㊾ 大正二六、三一五下～三一六上。
㊿ 大正三一、五三上。大正四三、五八六下。
(51) 蜜波羅圭之介「三昧王経の研究(1)」高野山大学論叢第九、五〇頁参照。
(52) 弘法大師全集第四、二二七～二二八頁。
(53) 大正九、五四二下(同一〇、一九二中)。同九、五六五下(同一〇、二〇〇中)、P. L. Vaidya 校訂梵本『十地経』二九、四九頁。
(54) 大正三一、六四五中。S・Lévi 校訂梵本一四七頁。宇井伯寿『大乗荘厳経論の研究』四五六～四五七頁。
(55) 北京版一〇九、六三―五～八。

㊻ 右同六二一一～六三一二。
㊼ 『智度論』に出る。大正二五、二六九上～中。
㊽ 右同二六八上。
㊾ 本書六〇頁。
㊿ 右同六七頁注㊱参照。
(61) 右同六一頁、六七頁注㉟参照。

（昭和五十三年度文部省科学研究費にもとづく一般研究C「熏習思想と陀羅尼の研究」の成果の一部）

護法と総持

一

大乗仏教の形成期に仏や経典を信奉する人々が信仰の核にもっていたものは、仏塔を中心とする仏陀への崇拝や、経巻の受持を内容とする熱烈な護法の精神であったと思われる。このことは教理面で多説される念仏や三昧の重視にも窺われるが、同時にダーラニー（総持）がはたした役割の大きさも見逃せない。念仏（buddhānusmṛti）と三昧（samādhi＝禅定）は、大乗以前から仏陀への追憶とその悟りの追体験を目指す比丘にとって欠くべからざる修行上の要諦であったが、総持（dhāraṇī）は、大乗経典の受持崇拝と密接に関係する教義である。これが念仏や三昧と並んで大乗で重視される理由はいろいろ考えられるが、まず第一に、大乗を宣言し般若波羅蜜（prajñāpāramitā）を強調する初期の大乗経典が、阿含（Āgama）にもましてその存在の意義と価値を内外に確立する必要があったためと思われる。『般若経』や『法華経』では、経典中の四行詩一つだけでもこれを受持（記憶）し読誦するなどのことが他のいかなる功徳にもまさる、とくりかえし強調されている。[1] 経説の憶持（dhāraṇa）としてのダーラニー説が大乗で採用されたのは小品系般若経以後のことであるが、この語は当初から多聞を内容とする菩薩の無碍智（pratisaṃvidāṃ jñāna）と関係づけて説かれている。[2] 経典の多聞と憶持とは表裏の関係にあり、多聞の裏づけがあって憶持が可能であることはいうまでもない。『大品般若経』が、ダーラニーの内容を示す 'dhāraṇa-dhāraṇī'（憶持するものがダーラニーである）を「聞持陀羅尼」[3]と訳しているのは、この意味で適切であるといえよう。それはともかく、経説を記憶する力もしくは無碍智としてのダーラニーが、大品系般若経以後のあらゆる経典に侵透して多説されるようになった背景には、右にのべたような大乗教徒の圧倒的な経典重視の思想があって、これがダーラニー説の発展と結びついたためと考えられる。

二

大乗経典の受持崇拝と深い関係をもつ術語としていまひとつ重要な語は、「正法の護持」すなわち「護法」(saddharmaparigraha) であるが、これは 'parigraha' (能持、護持) という言葉が示しているように、もともと外から保護したり守護する (これには rakṣa (<√rakṣ), pāla (<√pāl) という語があてはまる) のではなくて、大乗教徒自身のうちに正法を受けとめわがものとするという、いわば菩薩のうちなる確信を意味する言葉である。したがって護法とは、本来は大乗の菩薩が仏陀の教説を主体的に把握することを意味するが、これを教えを受ける側 (の衆生) からみれば、護法とは、法を説き示す法師 (dharmabhāṇaka) を尊敬し供養し擁護することである。このように教えを受ける側からみれば護法は文字通り「法を護る」という意味をもつこととなり、この点からいえば、'saddharma-parigraha' を「護法」と訳すことは適切であるといわなければならない。④ 護法がこのように教説を受持し説くことであるのと同時に法師を守護することであることは、つぎのような『大集経』巻九の「海恵菩薩品」の教説⑤によっても窺われる。

そのとき功徳宝光と名づける菩薩大士が、その集会に参列して坐っていました。かれは世尊につぎのように申しあげた。「世尊は〈私が正等覚した法は説くことができない〉といわれましたが、世尊よ、もし法が宣説されないならば正法をどのように受持すればよいでしょうか。」世尊は答えられた。「善男子よ、そのとおりだ。問われたとおりだ。私が正等覚した法は説くことができない。しかしある文字による正しい解説がかの不可言の無為法を語りうるならば、その文字による正しい解説を誰かが理解し、説き、解説し、読み、説明し、考証し、明らかにし、正しく説示すること、それが正法を護持することといわれる。さらに善男子よ、法師あってこのような経典を受持し、説き、能証の法を語るとき、かれら（法師）を恭敬し、供養し、恭事し、親近し、礼拝し、尊敬し、畏敬し、尊重し、擁護し、保護し、守護し、衣服・食物・寝具・医薬・什器を与え、すばらしいと称讃をおくり、主人のようによく守り、保護し、称讃し、不名誉を隠すこと、それが正法を護持することである。

ここで不可言の教説を理解することと同時にそれを解説する法師を守護することが護法である、とされていることは意味が深い。教説の受持者は本来法師であって両者に区別はない筈であるが、不可言の教説を解説する法師とは、とくに般若の空を理解し解説する法師を指している。以下にのべるように、般若経では、経典の受持者である善男子や善女人は同時に法師とされている。しかし、『大集経』の時代には右のように般若の解説者としての法師に特別の地位と尊敬が与えられていることがわかる。これは般若経以後、大乗経典の受持者または読誦者としての法師の地位がつよまったことを示すものと思われる。

ところで、経典の受持者としての善男子や善女人を諸天が守護するという考えは大乗の古い時代から存在する。たとえば『八千頌般若経』でも、帝釈天（Śakra）や四天王たちが経典を受持したり読誦する人々を守護するために現れている。⑥

そのとき四天王は、世尊につぎのように申しあげた。「世尊よ、この善男子・善女人がこの般若波羅蜜を受持し、記憶し、読誦し、理解し、宣伝しつつ、また三乗において衆生を導きながら、しかも衆生の想いを生じないことは希有なことです。世尊よ、わたくしたちはこの般若波羅蜜を受持し、……宣伝する善男子・善女人を保護し、防護するでありましょう。」

そのとき神々の主シャクラは、世尊につぎのように申しあげた。「世尊よ私もまたこの般若波羅蜜を受持し、……（前と同文）……宣伝する善男子・善女人を守護し、防護するでありましょう。」

世界の主である梵天もまた梵天衆たちとともに、世尊につぎのように申しあげた。「世尊よ、わたくしたちもまた、この般若波羅蜜を受持し、……宣伝する善男子・善女人たちを守護し、保護するでありましょう。」同様に天人や竜神や夜叉なども般若波羅蜜としての経典に帰依を表明し、これを安置する楼閣を守護するために現れている。[7]

カウシカよ、これらの（般若波羅蜜を安置した）善男子・善女人の住居・居宅・楼閣は、よく守られるであろう。何人もそれを破壊することはできないだろう。…（中略）…その理由は何かといえば、そこへはこのような大威力のある天、竜、夜叉、ガンダルヴァ、アスラ、金翅鳥、キンナラ、大蛇、人間、非人などが、来たらねばならない、と考えるからである。

この場合諸天の守護によって、つぎのように法師（dharmabhāṇaka）の雄弁（弁才）が引き出されるともいわれている。[8] これは経巻の受持者である善男子・善女人が、同時に、般若波羅蜜を読誦し解説する「法師」としての呼称と役割を有していたことが理解される。

世尊はいわれた。よいかな、よいかな、カウシカよ、さらにカウシカよ、この般若波羅蜜を吟唱する善男子、善女人には、幾百もの天子たちが近侍するであろう。幾千・幾百もの天子たちが、法を聞くために近侍するであろう。かれら法を聴聞する天子たちは、かの法師の雄弁を引き出そうと考える。法師が語ることを欲しないときでも、かれら天子たちは法を尊重するがゆえに、雄弁を引き出そうと考える。法を説こうとする欲求が生じるであろう。カウシカよ、この般若波羅蜜を信受し、記憶し、唱え、理解し、宣布し、説き、述べ、教示し、読誦する善男子・善女人は、このような現実の功徳をえる。

三

法師にたいする諸天の守護は、こののちあらゆる経典でさかんに説かれるようになるが、般若経以外の経典では、守護のための真言すなわち守護呪(mantra-padāni)が説かれるようになり、多くの経典が帝釈呪とか梵天呪などの守護句をもっている。一例をあげると、『大集経』巻十一の「海恵菩薩品」には、つぎのように法門の守護と法師の保護のための四天王呪が与えられている。⑨

そのとき、海恵菩薩は世尊にこう申しあげた。「世尊よ、この諸如来の菩提は妨害が多く、敵対する者も多いのです。このような経典を如来の加護によって滅びず広まるようにし、人あって受持し、書写し、説示するために、魔や魔の眷属たちがたよりをえず、正法をながくとどまらしめ、このような経典を完全に守護し、収蔵し、護持するために、世尊によってよく加護されますように、世尊よ。」とこう請願すると、世尊はつぎのようにいわれた。「海恵よ、ある衆生がこのような経典を受持し、説示しようと願い、精進して善根を生じる者は、調伏の力をえて、この法門が加護されることになる。海恵よ、それゆえよく聞き、よく考えよ。ある句によって四天王を招いてこの法門を守り、法師たちをも守護することに専念する四天王を招請する句を唱えるべきである。海恵よ、それら招請句とはどのようなものかといえば、すなわち、

same same sandhi, saraṇa saravati, dhina dhinavati, . . . viśuddhe, viśuddhavati, misile, manohare.

である。海恵よ、これらが招請句である。これらの句によって四天王を招請し、この法門を守り、かの法師をも保護することに専心する。これらの真言句がかの法師によってよく読誦されて四方に慈愛が遍満し、四天王が思念されるとき、この真言句によって四天王が招来されるである。」

このように、初期の経典にみられる守護呪は法門としての経典と説法師としての法師を守護するために唱えられる、諸天を招く真言であることに注意しておきたい。これを般若経と比較すると、さきの『八千頌』の例でも明らかなように、経典と法師の保護のために諸天が要請されるという設定は両者とも同じであるのに、『八千頌』では守護句としての真言が説かれていない。これは、般若経では般若波羅蜜自身が明呪（vidyā）であり真言（mantra）であるとされているから[10]、これにかわる守護呪を必要としなかった事情が考えられる。つまり般若経では、経典を受持することなどによって般若波羅蜜（prajñāpāramitā）が受持者を守るとされているから、般若波羅蜜による守護は同時に諸天の守護を意味したわけである。

さらにまたカウシカよ、この般若波羅蜜を説示する善男子・善女人は、四衆の面前で誰かがわたくしに質問して困らすのではないかと思って心がひるむことがないであろう。それはなぜかといえば、すなわち、般若波羅蜜がかれを防護し、守護するからである。かれは般若波羅蜜に安住して、自分への非難を見ないのである。般若波羅蜜に安住して非難する人を見ないから、何人が非難しようとその人を見ないし、またかの般若波羅蜜をも見ない。同様に般若波羅蜜に守護されている善男子・善女人にたいしては、何人も質問しないであろう。またかれらは怖れず、恐がらず、恐怖におちいらないであろう。カウシカよ、この般若波羅蜜を受持し、……読誦するであろう善男子・善女人は、このような現実の功徳をえるのである[11]。

これにたいして、般若経以外の経典では般若波羅蜜を直接説かないことから、これにかわるものとして守護呪としての真言を諸天を招請するために用いるようになったのではないかと思われる。初期の般若経ではみられない守護呪としての真言を「般若波羅蜜神呪」とする例が『勝天王般若経』に出ている[12]。これは般若波羅蜜が神呪（真言）化する過程における一表現と思われ興味がふかい。いずれにしても、この場合守護呪の有無は本質的な問題とはならない。大乗経典の読誦者である法師が聴衆がいるといないとにかかわらず経典の文句を暗記し吟唱するときに、その経文が守護句ともなって諸天を招き、自身が保護されることは明白であるからである。

四

ところで守護呪が陀羅尼化する点については、一考を要する問題がある。それは初期の大乗経典では、守護句は呪または真言（mantra）とされていて陀羅尼（dhāraṇī）とはいわれていないのに、なぜのちになるとこれが陀羅尼呪（dhāraṇīpada）とされるようになるかということである。『大集経』を例にとると、より早い時期に成立したと思われるこの経の前半の三十巻（曇無讖訳の諸品が中心）では、陀羅尼は経説の多聞と憶持力を意味する菩薩の徳目をあらわす言葉であり、守護呪や真言とはいかなる関係もみとめられない。[13] ところが後半の那連提耶舎訳の諸品（六世紀の訳出）になると、ダーラニーと呪とは区別されずに「陀羅尼呪」（dhāraṇīmantra 同格限定複合語）として説かれている。[14] これは、大集経では前半の諸品が成立したときには無関係であったダーラニーと呪（真言）とが、後半の諸品が成立するまでに相互に関係し同化したことを示している。

そこでダーラニーと呪とが同化している古い用例を考えてみると、『法華経』の「陀羅尼品」には、守護呪としての陀羅尼句（dhāraṇi(mantra)padāni）がつぎのように説かれている。[15]

そのとき薬王菩薩摩訶薩は世尊につぎのように申しあげた。

「世尊よ、わたくしたちはこの妙法の蓮華と名づける法門を身につけたり、書物にしたりする善男子や善女人たちに〔かれらを〕守護し、保護し、防護するためにダーラニーの呪句を与えるでありましょう。すなわち、

anye manye mane ... amanyanatāye svāhā.

世尊よ、これらのダーラニーの諸句は、六十二のガンガー河の砂〔の数〕にも等しい仏陀・世尊たちによってのべられたものであり、〔したがって、〕世尊よ、そのような説法師たちや、そのような〔この〕経典の受持者た

ちと争うものは、その仏陀・世尊たちのすべてに逆らうものとなりましょう。

この「ダーラニーという呪句」(dhāraṇīmantrapadāni)[16]は、漢訳のうちもっとも古い竺法護(Dharmarakṣa)の『正法華経』(太康七、286 A. D. 訳出)にも「総持句」と訳されている。[17]この語はもちろん同格限定複合語と考えるべきであるから、これによってすでに竺法護の時代以前から、「ダーラニーとは呪である」という用語例が存在したことがわかる。

しかしさきにも指摘したように、『大集経』では早期の諸品にはダーラニーと呪とは別出されていて、両者に緊密な関係がみられない。この経は曇無讖以前に竺法護が前半三品を単経として訳出しているが、そこにももちろんダーラニーと真言とは関係づけられていない。両経の異なった成立の事情にもよるのであろうが、ほぼ同期の成立と思われる一方にダーラニーと呪との一致がみられ、他方に何故これが説かれないのであろうか。この問いを解決するには諸要因を考慮しなければならないが、肝心なことは、右で両者がダーラニーと真言とによって「法師の擁護」を強調している点である。上来明らかなとおり、真言(守護呪)は法師を守るものであるし、ダーラニーもまた経法の受持という本来の語義が示すように、護法すなわち法師の守護を意味することは明白である。実際に『大集経』の「海恵菩薩品」には、護法の功徳が種々あげられるなかで、つぎのように、護法(正法の受持)はダーラニーをえることであるとの教説がみられる。[18]

如来の正法を受持する者は、諸仏によって完全に守られる。天とナーガとキンナラと福智によって完全に守られる。如来の正法を受持する者は、念をそなえ、覚知をそなえ、覚恵をそなえる。広大な般若と普遍の智慧をそなえる。如来の正法を受持する者は、かれにマーラの迫害はえられない。かれには後悔や恐怖はない。かれにはいかなる束縛もなく障害もない。

…………

如来の正法を受持する者は、智者にして、かれは諸ダーラニーをえる。八劫の間かかって聞いたことでも〔語るに際して〕尽きない雄弁をそなえて無碍となる。

如来の正法を受持する者、かれを知者はいつもたたえる。いかなる天や阿修羅でも意のままにしたがわせる。仏はかれをひとり子のように称讃する。

如来の正法を受持する者は、帝釈天や梵天となり、同様に護世天・転輪聖王・人中の王となる。楽と意楽と菩提をえる。

このあと正法を受持する者は仏の三十二相をそなえるとか、法印を説く善知識に不足しないから無尽の法蔵を聞くことができる、と説く。また身語意の清浄、戒定恵の清浄、解脱智の清浄をえる。菩提心を忘れない、到彼岸の行と相違しない、八善などによって摂取される云々、と正法受持の利益が詳述されている。右で正法を護持すること（parigraha）は般若（prajñā）の智慧をえることであり、それによって諸仏や諸天の加護を受け魔《マーラ》の迫害をのぞく、というのは、ただちに般若経における般若波羅蜜の功徳を想起させる。般若波羅蜜高揚の精神が、『大集経』では正法の護持として受けつがれているわけである。つづいてその正法の護持によってダーラニーをえて、雄弁をそなえる、と説かれている。これについて小品系般若経には、ダーラニーの教説はなく、正法の護持とダーラニーとの関係を示す個所も見当らない。しかし大品系般若経では、菩薩の不惜身命を内容とする護法（saddharmaparigraha）を説いたすぐあとに聞持ダーラニー（dhāraṇa-dhāraṇī）が説かれている。[19] このダーラニーは小品系の無生法忍（anutpattikadharmakṣānti）にかわるものであるが、ここで護法とダーラニーが並説されていることは、右の『大集経』の「海恵菩薩品」が説く両者の密接な関係を早くも暗示しているように思われる。

本来正法の受持すなわち護法とダーラニーとは、その内容と性質を一にするものであることはいうまでもない。正法を受持し読誦することによって煩悩がきよめられ、外敵をふせぐことができるからである。ここに正法の憶持としてのダーラニーが、のちに諸天の守護呪としての真言と同化する最大の根拠が求められる。般若経のダーラニーは般若波羅蜜を内容とするから、その受持者である法師は般若の智慧によって守られる。いいかえると、護法の法師はダーラニーをえているがゆえに般若波羅蜜によって内外の煩悩を破壊して涅槃の城を守るわけである。[20]

五

このようにダーラニーは法師と守護呪とを結びつける役割をはたすものである。ここで護法と法師と陀羅尼と守護呪の各項目を整理しておくと、ダーラニーは小品には教説としては現れないし、大品でも護法とダーラニーとの関係はわずかに予想されているにすぎない。『大集経』の「海恵菩薩品」において、護法とダーラニーとが結びつくが、しかしここでもダーラニーと守護呪との一致はみられない。ダーラニーが守護呪と同化する最初の用例は『法華経』の「陀羅尼品」であると思われる。以上をまとめるとつぎのようになる。(…は関係がみとめられたもの、＝は直接の関係がみとめられるもの)

小品系	護法…法師＝諸天の守護
大品系	護法…陀羅尼…法師＝諸天の守護
大集経海恵品	護法＝陀羅尼…法師＝諸天の守護＝守護呪
法華経陀羅尼品	法師＝諸天の守護＝守護呪＝陀羅尼句

右のうち、小品をのぞく三者にダーラニーが説かれるが、最後の『法華経』(「陀羅尼品」)のダーラニーは守護呪と同化しているので、前二者のダーラニーとは内容が異なる。しかし『法華経』には呪と同化しないダーラニーも説か

れている。とくに三昧と並説されるダーラニーはたんに経説の憶持（弁才を含む）としての意味をもち、呪と区別されることは明らかである。このような『法華経』のダーラニーのうち、特定の名称をもつものをあげるとつぎのものが注意される。[21]

解一切衆生語言陀羅尼（sarvarutakauśalyānugatā dhāraṇī）「薬王菩薩本事品」

旋陀羅尼（dhāraṇyāvartā dhāraṇī）「普賢菩薩勧発品」

百千万億旋陀羅尼（koṭiśatasahasrāvartā dhāraṇī）「普賢菩薩勧発品」

法音方便陀羅尼（sarvarutakauśalyāvartā dhāraṇī）「普賢菩薩勧発品」

これらのダーラニーは漢訳の名称が異なっているので一見別のものにみえるけれども、原語から判断すると、すべて同一内容のものであることがわかる。すなわち「解一切衆生語言」と「法音方便」は、どちらも「すべての音声文字に巧みであること（sarvarutakauśalya-）」となっている。これは、多聞とその憶持を性質とするダーラニーをもつものは、同時に、一切の言語音声に通じることを示している。また旋陀羅尼の方はこれと同じ原語をもつ「無量際陀羅尼（無辺旋転ダーラニー）anantāvartā dhāraṇī」を含む一連のダーラニーが、『大集経』の「陀羅尼自在王菩薩品」に説かれている。そこでの説明によると、たとえば否定の意味をもつア字の一音を理解していると、これをあらゆる言葉につけることによって無数の否定の法門をえることができる、とされている。[22] このダーラニーによって菩薩はア音にかぎらず他の一切の言語音節を自在に駆使することができるから、同時にあらゆる法門を無辺に説きのべることが可能であるとする。右の『法華経』の「百千万億」という名称をもつダーラニーも、このような菩薩のかぎりなく巧みな説法の能力を指してよばれたものであろう。「普賢菩薩勧発品」では、白象王に乗った普賢菩薩が『法華経』を忘れず記憶するために衆生にこの三つのダーラニーを与えることを説き、つづいて『法華経』を読誦する者をマーラ（魔）などの外敵から保護する陀羅尼句（dhāraṇī-padāni）を出している。[23] 前者のダーラニーは明らかに憶持不忘のためのダーラニーであり、後者ではそれは守護呪となっている。このように、名称が同じでも意味内容を異にするダーラニーが同一場所で説かれるにいたる思想的背景は上述したとおりである。これと関連して、ダーラニーが呪句と同化して同格限定複合語としての「ダーラニー句」が現れる以前に、同じ「ダーラニー句」が格限定複合語として使用されている例が他の経典にみられる。以下その一〜二例を検討してみたい。

六

一つは呉支謙訳（三世紀）の『無量門微密持経』と東晋仏陀跋陀羅訳（四—五世紀）の『出生無量門持経』にみられる用例である。（いずれも不空訳『出生無辺門陀羅尼経』の異訳）[24]。ここではダーラニーは持と訳され、ともに「菩薩の清浄無量慧地」[25]とされている。つづいて支謙訳では、この持を成就するために、菩薩はこの持要句を行ずれば疾やかに無量の門に入り、微密持をえる、として、無為無向如正意解ないし遠解等意無不入不断持実の諸句をあげている。[26] 東晋訳では、一切智を得て一切法を知らんと欲すれば、当にこの門持を学びこの持句を学ぶべし、としてつぎのような諸句を出している。[27]

所謂無句正句普句、成就楽説光明順道、善分別究竟分別、堅固所説堅固伊羅伊梨、伊羅悉帝旃弐、為履上迹不動寂静、離諸怨敵熾然永滅、出生無垢清浄自性、巧説諸有者無所有無所著、善能降伏光明離垢、善自摂持果而大勇、得大名称動無動、以正動難堅固善住、安隠遊無閡著開諸法門、随順所応強而有勢、精進勇猛得方便力、大光普照明曜無垢、意解平等普無不入、事無不逝。

右のなかで伊羅伊梨（vira-virya?）と伊羅悉帝旃弐（viradeśanā?）のみが音写で、これはすぐ前の堅固と堅固所説を指しているように思われる。この他はすべて意訳で中には「為履上迹」のような難解な語句もあるが[28]、不動寂静・無垢清浄・光明離垢・大勇・大名称などの言葉から推察すると、これらはいずれも諸仏の特性を指している。そ

のことは以上の諸句が列挙されたあとで、

[29]此ノ善妙持ハ諸仏ノ所住ナリ。

とあることからも知られる。諸仏の特性を示す句にもとづいて諸仏を能持し観想するところに諸仏と一体となる境地が開かれる。それがすなわち「清浄無量の慧地」とされたのではないかと思われる。これらはすべて仏が聴聞者の舎利弗にたいして語られた教説であるが、さらに仏はつづいて、「このような持を行ずる菩薩は数無数において分別を以てせず、また所得なし、諸断法において功徳を増進する、しかも所作なくまた不作もない。諸法の有合有離、有起有滅を見ず。また去来現在の知なし、また法の有力無力を知らず、念仏を修行して相好を念じない。種性を念ぜず、また眷属もない云々。」とのべ、このように一切法において受持するもののないこと（＝無受）が念仏である。[30]これを名づけて一切諸法所入無畏持門微妙句義となす、と結んでいる。

このような記述から判断すると、持句とは、仏を憶念するために仏の種々の特性を摘要した句と考えられる。菩薩はこれらによって仏随念（buddhānusmṛti）を行じていくのであるが、[31]しかしこのような有限の句による念仏では無限の性質をもつ諸仏を真に憶念することができないため、つづいて右のように否定の句が説かれたものと思われる。いずれにしてもここにいう持句とは「仏随念（念仏）のための句」であって「持なる句」というような同格限定複合語に解してはならないようである。しかしこの持句にあたる言葉は、上記二訳の他は漢訳、チベット訳ともに陀羅尼呪または神呪（mantrapadāni）とされ、諸句が真言化するとともに、ダーラニー（持）もまた神呪化されている。[32]これはつまり古訳では手段にすぎなかった句が、のちに目的としての持に同化すると同時に真言化してしまったことを示している。

七

もうひとつは竺法護訳の『海竜王経』の「総持門品第七」に出るダーラニー（総持）の例である。このダーラニーは無尽器ダーラニー（akṣayakaraṇḍā-dhāraṇī）といわれ、この経の主役である竜王（nāgn-rāja）は、仏よりこのダーラニーの意味を聞いて仏と同様の念や覚恵を具えるにいたった、とされている。またこのダーラニーは、つぎのように、その名を聞くだけで雄弁（弁才）を無尽に出生するともいわれている。[33]

竜王よ、汝は多くの如来からこの無尽器ダーラニーを聞いたし、汝は十万もの多くの仏からこのダーラニーの意味を何度も聞いた。私と同様、汝はこのように念を具え、同様に覚恵を具え、同様に思択を（具え）、同様に断を成就し、同様に般若と智慧を具えている。竜王よ、誰であっても無尽の宝器であるこのダーラニーの名称だけか、または教説の一部分だけでも聞く者は、すべてに雄弁が無尽に生ずることとなる。何故かといえば、それはかのダーラニーの因と相応するからである。竜王よ、もしのちの世にダーラニーを出生するために守護をなす者があれば、その者たちは、すべて如来の加護によってみそなわされるであろう。

これらのことから、ここに説かれるダーラニーとは、般若の智慧を内容とし、無量の雄弁を可能にする正法の憶持力を意味していることがわかる。それはつづいてこのダーラニーが、八万四千の法蘊の門であり、ないし八万四千のダーラニーの根本であるとされていることからでも首肯できる。[34]

竜王よ、そのうちこのダーラニーは八万四千の法蘊の門である。八万四千の行に入るし、八万四千の三昧に随行する。八万四千のダーラニーの根本は、この無尽器ダーラニーでこそある。竜王よ、菩薩あって十方において無染であり、障碍なく、四無碍智をもって法の大雨を降らすことがあれば、その菩薩はひとえに無尽器ダーラニーの因と相応しているから（それが可能なの）である。

つぎにこのような無尽器ダーラニーに入るための諸句が説かれるのであるが、これらの句は、天・竜・夜叉・ガンダルヴァ・アスラ・金翅鳥の守護句でもあるといわれている。その漢訳語とチベット訳の音写語を対応させるとつぎのとおりである。[35]

縁応意 hetumati
欣楽跡 prasādamati
越度 uttāramati
次第 anusandhi
光目 brahmaketu
志造 smṛtikaraṇe
行歩入 gatipraveśe
済冥 tamonute
為上 uttharaṇi
入寂 śāntapraveśe
離居 vasana-apagate
随順 anusandhi
無所至 vigatesthite
無所住 avasthite
無至処 avasthānagate
速恵 aśuprajñe

随順意 śamamati
直意 ujumati
無尽句 akṣayamati
曜面 ulakamukhe (ulkā-?), prabhamukaṭe (-kuṭe?)
光英 pracaraketu
浄意 mativiśodhane
勇力 śūrabale
所持 sandharani
寂門 śāntamukhe
滅塵 śāntakleśe
居善 kuśalavāsini
離次 visandhi
所住 sthite
至処 sthāna-anugate
要御 abhisare
智根 prajñāmūle

転本根　mūlavate
日転焔　prabhesūryavati
無垢　amale
覚所建立　buddha-adhiṣṭhite
護諸魅　sarvabuddhānām
梵知化　anujñāna brahmaṇām
四天護　pāletalokapāle, parigṛhita
仙人帰・諸姓修行　ṛṣivigautranayuktānāṁ
天人所摂　saṁgraho devamanuṣyānāṁ
破壊衆魔　nirghatānāṁ māryānāṁ
摂欲明智　nigrahya-sarva-parapravādīnāṁ
不犯法師　anupakramo dharmabhāṇakānāṁ
悦可楽法　sarvasantośānāṁ, dharmakumānāṁ
不断三宝　anupacchidastriratnavinśasya (-vaṅśa-?)
慈民衆生　maitresarvasatvānāṁ

月光　śaśiprabhe
光善離垢　jyatiprabhe (jyo-?) suvimale
浄諸句　sarvatamoviśodhani
諸天祐　sarvadevatāparigṛhite
告乗　svastyane
釈諧嗟　praticchittaśakrane
衆聖愛（＝受）　āryasaṁgṛhita
解牢獄縛　mokṣabuddhānāṁ (-baddha-?)
捨諸塵労　nigrakakleśānāṁ
降伏外道　dhariṣānāṁ, tīrthikānāṁ
開化自大　codanā-abhimānikānāṁ
不乱衆会　avarjanāmpariśad
護於法音　parirakṣo dharma-kośasya
讃慕徳義　stutasarvaguṇa-arthikai

漢訳で数えると六十二のこれらの語句は、順序もチベット訳とまったく同じで、両者は完全に一致している。大体の語義は漢訳から知られるが、護諸魅と釈諧嗟の語句の意味がやや不明である。その他は右のとおり、最初に諸仏の智慧の内容を暗示するような語句（直意、無尽句、浄意など）があり、つづいてそれが有力に作用して諸塵が破壊され（勇力、済冥、滅塵、要御など）、清浄が確立される（光善離垢、無垢など）過程が示されている。そのあと覚知の確立を諸天が称え擁護する語句（諸天祐、告乗、四天護、衆聖受など）がつづき、さらに外敵を亡ぼし（破壊衆魔、降伏外道）法師や法を護る（不犯法師、護於法音）語があり、最後は説法者と聴聞者がお互に相手をいつくしみ尊敬する意味の言葉（慈民衆生、讃慕徳義）で終っている。このようにみていくと、これらは特定の意味をもった語群が一定の目的にそって順序よく配列されたものであることがわかる。そのことは漢訳に「…正句次第順章」とあるので、いっそうその感をつよくする。すなわち竺法護訳では右の語群の前に、

此無尽之蔵総持所入正句次第順章、諸天竜神、香音神、無善神、鳳凰神、皆共営護。

とあり、[36] さきのチベット訳の説明とも合致している。これによって理解すると、第一に諸句の配列は無尽蔵ダーラニーが、無限の憶持力としての機能を正しく発揮するためであり、第二にこの語群が諸天の守護を約束している、ということである。最初の語群は意味上の配列というよりも、むしろ音を重視した同音節の語句の配列（-mati, śanta-, sandhi etc.）のようにも思われるから、これらは記憶に便利な音節をもつ語句を集めたものかも知れない。

つぎに後半の語群は諸天による法師の守護を強調したものであることは明らかである。なかでもとくに法師が犯されずに法が守られ、三宝が継続する、という言葉の配列に注目したい。上来、護法と法師ならびに護法とダーラニーの関係を中心に論を進めてきたのであるが、ここではからずも三者の同一関係、すなわちダーラニー＝法師の擁護＝護法が例証されている。これは、法師がダーラニーによって説法を円滑につづけることができ、法音がかぎりなく衆生をうるおすときに正法の断絶がある筈のないことを示している。

八

無尽蔵のダーラニーを支える諸語句は、右のように、それらを吟唱し暗誦するに適した内容と音節と配列をもつものでなければならない。もしそれが無内容な語であれば、それによって諸仏を憶念することもできないであろうし、

経説の意義を思念する手がかりもえられないと思われる。またたとえ意味内容をもっていても、まったく音節が一致しない無秩序な言葉のあつまりであれば、それらを吟唱することが難しいし、思惟、思念の手段ともならないであろう。ダーラニーに適した語句とは、それによって法師が仏説の無限の意味をよみとり、かつ記憶することが可能な言葉を、順序よく按配したものでなければならない。右の語群には、おそらくそうした意図と配慮がなされているものと思われる。またそうであるがゆえに、「無尽蔵ダーラニーに入るに適した語句の配列」といわれているのである。

ここにおいて、われわれは、右にあたる 'akṣayakaraṇḍa-dhāraṇī-praveśapadāni' の複合語を解釈する手続を終えたように思われる。この場合 '-dhāraṇīpraveśapadāni' は、'dhāraṇīṁ praveśāya padāni' か、または 'dhāraṇīṁ praveśasya padāni' のいずれか（格限定複合語）で解釈しなければならない。この部分は、チベット訳では、

de la mi zad paḥi za ma tog gi gzuṅs ḥdi la ḥzug paḥi tshig rnams daṅ, (tatra tām akṣaya-karaṇḍadhāraṇīṁ praveśasya padāni……)

となっているから、㊲ダーラニーと句とは同格限定ではなく、格限定の関係にあることが明瞭に看取される。また両者の従属関係は、諸句の列挙のあとで、これらの句は無尽器のダーラニーを守護し擁護するためのものである、とされる文からも理解される。㊳

（仏告竜王）是諸法句、為護無尽之蔵総持。

ḥdi dag ni mi zad paḥi za ma tog gi gzuṅs kyi kun tu bsruṅ ba daṅ yoṅs su bsruṅ baḥi tshig yin te.㊴

以上のとおり、われわれは、竺法護の『海竜王経』とこれとほぼ同時代の訳出である『無量門微密持経』・『出生無量門持経』と合せて二例、格限定複合語としての 'dhāraṇī(praveśa)padāni' をもつのである。同格限定複合語

としての'dhāraṇīpadāni'をもつさきの『正法華経』は竺法護の訳出であるから、漢訳年代からはどちらがより古い用例であるか判定しがたい面がある。しかし、おそらく格限定複合語の「ダーラニー句」の用例の方が古いと思われる。それは上でのべたように、大品系般若経やそれにつらなる初期の大乗経典において、ダーラニーは真言の意味をもたず、守護呪とも関係していないからである。

早急な断定を下すことはさし控えたいが、『海竜王経』などの例からみて、ダーラニーが守護呪と結びつく前に経説の憶持のための特定の句がダーラニーと平行して説かれていて、それがのちに法師を守護する諸天の神呪と同化した、というのが、これまでの考察でえた筆者の一応の結論である。古くは原始仏教の時代から今日にいたるまで、経典の文句をいかに早く正確に記憶するかということが、全仏教徒の最大の関心事であることを考えると、経文の暗記法が早くから存在したと仮定しても誤りではないと思う。そのいわば記憶術のようなダーラニーをもっとも得意としたのが、大乗では法師と呼ばれる経典の誦説者たちであった。ダーラニーと法師との密接不可分な関係はここに求められる。ダーラニー説がもっとも整備された形態をとっているものの一つに大品系般若経の四十二字門の教説がある。[40]これの詳しい考察は別の機会にゆずりたいが、四十二字門のダーラニーも従来考えられているような神呪ではなく、四十二字の各門がダーラニーをえるための(あるいは禅定に入るための)契機であり方法となるものであって、四十二字(門)即陀羅尼(門)ではない。この四十二字門は『海竜王経』に説かれるような「ダーラニー句」に相当するが、手段としての四十二字・句が真言視されて目的であるダーラニーに同化したときに、「真言陀羅尼」が成立したと考えることができる。

注

① たとえば「金剛般若経」第十三節には法門の中から四行詩一つをえらんで他人に説いて聞かせる功徳は、無数劫の間日毎に身体を捧げる以上に数えきれないものである、という。中野義照訳ヴィンテルニッツ「インド文献史」第三巻「仏教文献」四

八一頁注(88)参照。

② 本書五四頁。

③ 右同五五頁参照。

④ 「八千頌」の saddharma-parigraha (ASP. Wogihara, p. 691) を「放光般若」は護持正法、護法と訳す。大正八、八九中。この語のチベット訳は dam-paḥi chos yoṅs-su ḥdsin-pa (cf. MP. No. 6352) であるが、*Śikṣāsamuccaya*が引用する「海恵菩薩所問経」(大集経海恵菩薩品) の偈頌における護正法、護法は saddharma-dhāritva となっている (*Śikṣ S.* BST No. 11, p. 27)。ただし散文の引用文では -parigraha となっており (do. p. 26)、同経のチベット訳では両方とも右の語が使われている。北京版 (影印版) 三三、六六—三〜六七—一参照。

⑤ 北京版三三、六六—四—六〜五—六。大正十三、五八下〜五九上。

⑥ ASP., pp. 190〜191.

⑦ do. p. 258.

⑧ do. pp. 251〜252.

⑨ 北京版三三、九一—二—四〜三—五。

⑩ prajñāpāramitā を vidyā とする例は ASP., p. 203 にみられる。(mahā-) mantra とする例は「般若心経」にある。中村元他訳「般若心経・金剛般若経」所収梵文テキスト (一七三、一七七頁) 参照。

⑪ ASP. pp. 252〜253.

⑫ 大正八、七一三下。

⑬ 拙稿「大集経におけるダーラニー説」印仏研二六—二、一〇四頁以下参照。

⑭ たとえば「大集経巻三五」の「陀羅尼品第二之一」に出る日蔵法行壊竜境界焔品尽一切衆生悪業陀羅尼欲四諦順忍 (大正十三、二四〇中)、日眼蓮華陀羅尼 (同二四一中)、順空陀羅尼 (同二四二中) の陀羅尼にあたる語はチベット訳では '-dhāraṇī mantra' となっている。北京版三六、一八三—四、一八四—四、一八五—四参照。

⑮ SP. BST No. 6 (ed. by Vaidya) p. 233. 長尾雅人他訳「法華経II」大乗仏典五、一八一〜一八二頁参照。

⑯ この語はギルギット本では 'dhāraṇīpadāni' となっていて d. *mantra* padāni の用例はみられない。Shoko Watanabe, *Saddharmapuṇḍarīka Manuscripts* Part Two, pp. 156〜157.

⑰ 大正九、一三〇上。

⑱ 北京版三三、六六―三―一～四―二。大正十三、五八下、cf. *Śikṣ S.* BST No. 11, p. 27.

⑲ 本書五五頁。護法の用例は六六頁注④参照。

⑳ これに関連して天台大師智顗説の「維摩経略疏」中につぎのようにいわれる。「受持正法者即是四教之正法也、菩薩従十方仏聞此教法得陀羅尼、総持無忘名為受持、将用此法降魔制外及破衆生内外愛見諸煩悩賊護涅槃城、令諸衆生法王種性皆得安隠」大正三八、五七四中。

㉑ 大正九、五五上、六一中。SP. p. 238, *l.* 10. p. 265, *ll.* 9～10.

㉒ 拙稿「大集経におけるダラーニー説」印仏研二六―二、一〇六頁参照。

㉓ SP. p. 265, *ll.* 23～36. 大正九、六一中。

㉔ 堀内寛仁「出生無辺門陀羅尼経について」密教学密教史論文集三〇一頁以下参照。

㉕ 大正十九、六八〇下、同六八二下。

㉖ 右同六八〇下。

㉗ 右同六八二下～六八三上。

㉘ のちにのべる「海竜王経」の諸句（本論一二一頁）の中に「為上」(uttharaṇi) という語が出ているが、それが「為履上述」と関係があるように思われる。

㉙ ㉚ 大正十九、六八三上。

㉛ 念仏とダーラニーとの関係と同時に、この経には無量寿仏が往昔持光明という転輪聖王の太子で無念徳道といわれた時、この持《ダーラニー》を聞いて専精求学し、出家して無量門出生之持を人々に説いて無上菩提心をおこした、と説かれている。大正十九、六八四中。またこの経を受持するものは臨終のときに八十億の諸仏が現れて手をさしのべるとも説いている。右同六八三中。「無量寿経」の四十八願中の第三十四願にダーラニーが説かれていることを考え合せると、浄土念仏とダーラニーとの関連がうかがわれる。

㉜ 大正十九の 1009 と No. 1011 から No. 1018 に出される諸経とチベット訳（東北 No. 140, 525, 914-69）では、諸句が原語を音写した真言となり、「持句」も「ダーラニー（呪）句」(dhāraṇīmantrapadāni) とされている。ただし大正 No. 1013 の「阿難陀目佉尼呵離陀経」では、諸句が神呪四十八名として意訳されている。大正十九、六八五下。同経のチベット訳につ

いて堀内寛仁「西蔵訳出生無辺門陀羅尼経及び広釈・和訳」密教文化七六、七九〜八四号参照。

㉝ 北京版三三、一〇七―四―二〜六。大正十五、一四一上。

㉞ 同三三、一〇七―四―六〜八。大正十五一四一上〜中。

㉟ 同三三、一〇七―五―二〜六。大正十五、一四一中。このリストは各行に二つづつまず漢訳語を最初から順に並べて各々に対応すると思われるサンスクリトをチベット訳にもとづいて配置した。漢訳、チベット訳ともに語句の順序はこの表のとおりに第一行（上、下）第二行（上、下）…となっている。また両者は一語の欠落もなく一致している。サンスクリトはチベット訳が音写であることを考慮して同音異字の語は標準サンスクリトに訂正した。例、prabheśa→praveśa.

㊱ 大正十五、一四一中。

㊲ 北京版三三、一〇七―五―一。

㊳ 大正十五、一四一中。

㊴ 北京版三三、一〇七―五―六〜七。

㊵ 本書五五頁以下参照。

（昭和五十二年度文部省科学研究費にもとづく一般研究C「熏習思想と陀羅尼の研究」の成果の一部）

大集経における陀羅尼の研究

『大方等大集経』(六十巻) は大部の経典であり、経録の示すところでは隋代に僧就が編纂したものとされている。古くは『大集経』は三十巻内外の経典であって、現蔵でみると、それは第一の「瓔珞品」から第十二の「無尽意菩薩品」にあたるようである。この部分は現蔵では「無尽意菩薩品」以外はすべて曇無讖の訳出(四一四—四二六)となっている。「無尽意菩薩品」が無讖訳となっていない(智厳共宝雲訳)のは、初訳が失われて後代別訳で補われたものらしい。したがって隋以前に成立していた無讖訳出の三十巻内外の『大集経』に僧就以後新たに「日密」「日蔵分」等の後半の部分が加えられて、現在見るごとき『大集経』(六十巻) が成立したことがわかる。この経の前半五品の別訳として、現在竺法護訳の『大哀経』、『宝女所問経』、『仏説無言童子経』、『阿差末菩薩品』が伝えられているが、このように、法護の時代には単一経典として存在していたものが五世紀の初頭には一部の経として無讖の訳出するところとなったのである。これにより『大集経』を構成する諸品がまとめられたのは、法護と無讖の中間の時代の四世紀頃と考えられる。

このような成立の事情を反映したものか、『大集経』の各品の間には物語の連絡もなく、所説の法に一貫性がみられないとされている。とくに「日蔵分」以後の後半の部分には、星宿の説や暦日の法のごとき教説も含まれている。このようにこの経は、前半部分に説かれる般若の空の学説から天文・暦数の通俗文化までも包摂した一見きわめて内容に統一性を欠く大乗経典といわなければならない。

しかしこの経のいちじるしい特徴は、各品にかならずといってよいほど陀羅尼 (dhāraṇī) の学説がみられることであり、このダーラニーの教説が、一経全体の基調になっているといってもいいすぎではない。もっともダーラニー説といっても経の前半の部分と後半とでは説相がやや異なっていて、前者ではダーラニーは経法の憶持という意味にかぎられるが、後者では真言（mantra 神呪）と同じ意味をもっている。初期の大乗経典で説かれるダーラニーが後期の経典では何故真言と同一視されるかという点についてはいまだ充分な解明がなされていない。その意味では、真言を含むダーラニーとそれを含まないダーラニーの両方の教説をもつ『大集経』は、両者の関係を考察する上でも重要な資料となるものである。しかし今は諸般の事情から前半の部分のダーラニーの考察だけにとどめて、後半部分の考察は別の機会を待ちたい。

ダーラニーの教説がまとめて説かれているのは第二の「陀羅尼自在王菩薩品」であるが、ここではまず陀羅尼自在王が、仏に菩薩の瓔珞荘厳について聞いている。これに対して仏は、菩薩には戒・三昧・慧・陀羅尼の四種の荘厳があると答えている。戒定慧の三学の上にダーラニーを加えたところに、大乗の菩薩行の特色がみられるわけである。そこで陀羅尼荘厳とは、第一に無言の念（smṛti）であり、第二に法の受持（dhāraṇa）、第三には法の意味を知り、文字や語句を理解すること、とされている。つづいて第四、第五、第六では、正しい語句や正しい意味（artha）をよく理解して、有効にしてかつ時宜にかなった法を示すこと、である。第七では弁才（pratibhāna）、第八では天や阿修羅や乾闥婆などすべての有情の言葉を知ること、第九、第十では、衆会において勇気をもって説法し、仏への称讃を無量に説き、仏によって容認された無碍智に悟入することである、とされている。これをみると、陀羅尼荘厳とは念恵にもとずく法の受持と、さらにその法の文字や意味をことごとく理解して正しく法を宣説することにつきるわけである。このことは、同品に八陀羅尼門として出される教説でもくわしく述べられている。八陀羅尼門とは、

1　浄声光明　（大声清浄　viśuddhasvaranirghoṣā－dhāraṇī.）　Mvt No. 七四九
2　無尽器　（無尽宝篋　akṣayakaraṇḍa　〃　）　七五〇
3　無量際　（無辺旋澓　anantavartā　〃　）　七五一

4　大　海　（海　印　sāgaramudrā　〃　）　七五二
5　蓮　華　（蓮華荘厳　padmavyūhā-　〃　）　七五三
6　入無碍門　（能入無着　asaṅgamukhapraveśā　〃　）　七五四
7　四無碍智　（漸々深入四無碍智pratisaṁvinniścayāvatārā　〃　）　七五五
8　仏荘厳瓔珞　（諸仏護持荘厳buddhālaṅkārādhiṣṭhitā　〃　）　七五六

である。これらのダーラニーも、仏によって説かれた法門をよく受持し、しかも無尽に法を説き聞かせて一切衆生を喜ばすという菩薩行を語る以外のものではない。すなわち法門を知りつくしてつきない点は、浄声光明、無尽器、無量際、大海などの陀羅尼門で示されている。また法門を知りつくしているために説法もまた無限に可能であるから、菩薩はあらゆる衆生の言葉や機根に応じ長時にわたって法を説きのべて楽しませる点が、蓮華、入無碍門、四無碍智などの陀羅尼門で示されている。以上のダーラニーをえた菩薩が説法の座に坐るとき、かれの身体は如来の相好をともないかつ仏の瓔珞によって荘厳された身語意業を具えるにいたる。これが第十の仏荘厳瓔珞陀羅尼である。

このような法門が説かれたあと、陀羅尼自在王は諸偈をもって仏の教説を讃嘆している。それは如来が説いた八ダーラニーをえる者は、たとえ百千億無量の経典を解説したとしてもかれの言葉や知識が尽きてしまうことはない。美しい音声が百千億無量の国土にひびきわたって人々を理解させ、人々はそれを聞いて涅槃に趣く、云々といわれる。このあと仏は陀羅尼自在王にたいして、過去無量阿僧祇劫の浄劫世界に浄光明仏あり、その衆会中に光頂という名の菩薩がいて宝炬ダーラニー（ratnapradīpadhā.）をよく解したが、そのときの光頂菩薩が汝の前身である、汝はダーラニーをえて念恵を具える諸菩薩の中ではもっともすぐれた菩薩である、とのべている。このことから本経の主役である陀羅尼自在王という菩薩はその名のとおりダーラニーの第一人者であることがわかる。

以上のダーラニー説のうち、無量際陀羅尼門のところで十二縁起の無量際を説明したあと、真言の密意趣（sandhi）

は無辺際である云々という。①しかしこれはダーラニーを真言とするものではなく、深密の教説が無辺際であることを説明するために「真言の密意趣」とのいい方がなされたものであろう。また宝炬ダーラニーを讃嘆する偈の中に、チベット訳に「このダーラニーを唱える者は一切の福徳が尽きないであろう」とあるが、②これも漢訳に、「成就無量功徳者、乃能護是陀羅尼」③とあるように単にえるという意味に解すべきと思われる。④

上述のようなダーラニーの教説をもつ「陀羅尼自在王菩薩品」が『大集経』の中核をなしているが、この他にも各品にそれぞれダーラニーの教説がみられる。第三の「宝女品」には、宝女が世尊に大乗の意義を問う中で、大乗独自の「十八不共法」をあげているが、その各項に一切音声ないし金剛道場ダーラニーを織り込んだ内容をもっている。⑤

第五の「海恵菩薩品」にはまとまったダーラニーの教説はみられないが、世尊が海恵菩薩に、この大集の法門を守り保存するために門句と印句と金剛句とを受持し考察すべし、として門句に a, pa, na, などの字門を出している。ここでは阿字（a、諸法不生）より妷字（tha、諸法無辺際）の十九字の各字義が一切法の門句であるとされている。十九字は四十二字の抄出であることを考えるとこれは四十二字門を内容とする海印ダーラニー（八陀羅尼門の一）と相応する。このことは海印ダーラニーと海恵菩薩の相関関係を暗示している。事実海恵菩薩はダーラニーの第一人者であるとの因縁譚も語られているから、このことは一層明瞭に看取される。

第八「虚空蔵品」には三十七の陀羅尼行が説かれている。それは得法者や多聞の者に親近恭敬し、教授者や説法者にたいして敬信して法を憶持し読誦するなどのことが、陀羅尼行であるとされている。そしてダーラニーとは、すべて理解した法を忘れず、所聞の法を念（smṛti）にしたがって記憶し、弁才・了義（不了義）・諦・四念処・七覚支・八聖道・六波羅蜜・四摂法の各道品に住する智が、それであると説かれている。

このようなダーラニー説をもつと同時に、この品の主役である虚空蔵菩薩もまた、その名が示すとおり、無限の法蔵を内容とするダーラニーとの深い関係を思わせる。それは同品に速弁菩薩が虚空蔵菩薩の名前のいわれを尋ねる個所があり、そこで虚空蔵菩薩は、虚空は私の（智慧の）庫である、と答えている。その虚空の庫の特色は何かといえば、速弁菩薩が心に欲するかぎりのものを空から降らせることができるとして、実際に実現してみせている。虚空蔵菩薩の真価は、その名が示すとおり、一切の仏法を正しく理解して、自らの智恵の内容とし、かつそれをすべての衆生の機根や希望に応じて与えるところにある。

第十二「無尽意菩薩品」の無尽意菩薩もその名の示すとおり、その智慧が無尽であることを教えている。この品には同菩薩の智慧が無量・無辺であることが種々に説明されている。その中には、総持や弁才が不可尽であることも示されている。その教説は菩薩行に趣入し、無碍なる決定出離の門といわれる。それは菩薩道を荘厳し、甚深なる一切の仏法と十力と四無畏を完全に成就する智慧を生じる源である一切法に自在となる理趣と、陀羅尼印門に趣入するものである。それはまた、四無碍弁や大神通を持し、不退法論を説き、一向専念の道に専心し、一切乗を一乗と了解し、一理趣の差別なき法界に入り、一切衆生の意向と諸根をよく理解して説法をし、真実の法を決定し、一切の魔の眷属を破壊する法門である、云々という。また如理の法門を受持する門に入り、煩悩と一切の辺見を克服する。無染の般若（智慧prajñā）と智（jñāna）に随入することが無限であり、……（略）甚深の縁起を通達・理解し、福徳と智慧の大聚をあつめ、仏の身語心平等による荘厳をなし、念と恵と思択と信解と智慧を無限に成就する、と説かれている。これをみても明らかなように、ダーラニーの不可尽とは、般若にもとずく菩薩の智慧の不可尽を説く法門であることがわかる。

「海恵菩薩品」におけると同様、この品でも世尊の法の付嘱にたいして無尽意菩薩の自省がみられる。それは世尊が無尽意菩薩をふくむ衆会の人々に法の付嘱を与えようとしたとき、同菩薩は自分の智慧が劣っているためにこの法門の意味や文句を完全に理解できないのではないか、と懺悔している。そこで世尊は無尽意菩薩に、汝は四無碍智を具えているから義・法・詞・弁才において過失はない。諸無碍智を具えて法を考察し理解する菩薩は、誰でも正しい意味を完全に理解する。無尽意菩薩は四無碍智を具えている菩薩の第一人者であるから、身・語・意業のいずれにも過失は存在しない。このことは、百千万億もの多くの諸仏によって法が説かれたのちに証明され、一般に認められていることだ、とのべられている。[⑥] ここには四無碍智とだけされていてダーラニーとはいわれていないが、この四無碍智はおそらく八陀羅尼門の一つである四無碍智ダーラニーを指していると思われる。そうすると無尽意菩薩も、陀羅尼自在王や海恵菩薩と同様に、ダーラニーを具えている菩薩の第一人者と考えてよい。このように、『大集経』に登場する諸菩薩とダーラニーとの関係は非常に深いものがあるといえよう。

以上の他、ここではとり上げなかった「不眴菩薩品」、「不可説菩薩品」、「宝髻菩薩品」でもダーラニーの教説をもつと同時に、それが主役の各菩薩と密接な関係をもっていることが理解される。このように『大集経』では、古い成立とみなされる前半の各品には「総持」が多説されていて、これが一見統一の要素に欠ける『大集経』の各品に共通し、全体をまとめる役目をはたしている。『大集』という経名は「大集会」という意味と、「教法の集まり」すなわち「宝聚」という意味の二つが考えられるのであるが、一切の教法の「総持」としてのダーラニー説は、経名のもつ「宝聚」の意味ともよく符合する教説である、といえる。

注

① 「言無辺者、即秘密界無断常等」大正一九、五三四中。
② 大正三十二巻三〇八一一
③ 大正一三、二六上。
④ ただし別訳では「永滅結縛源、説此真明法」とある。大正一九、五七一中参照。
⑤ 大正一三、三四中～三五上。

⑥　北京版三十四巻、七四一、大正一三、二一二下。

法師を守護するもの

一

初期の大乗仏教において、法師の占める位置は従来たかく評価されている。[①]法師が登場する多くの経典において法師にたいする尊敬や供養が強調されているためであるが、その事実は、大乗の形成と発展にはたした法師の役割が甚大であったことを物語るものである。たとえば、初期の代表的な大乗経典の一つである『法華経』にはとくに「法師品」や「法師功徳品」がおかれていて、法師にたいする尊敬とともにそれによってえられる功徳の大なることが力説されている。法師（dharmabhāṇaka 説法師）とは、法の読誦者または解説者のことであるが、[②]初期の大乗経典では経巻の受持・崇拝が主要命題として強調されているから、そのために経典の読誦者としての法師の地位もたかく、尊敬の対象となっていたものと推定される。『法華経』の「法師品」では、経の法門の中からわずか一詩頌でも受持したり読誦したりする者があれば、その者たちはすべて無上菩提をさとるであろう、と仏によって予言（授記）されている。[③]また法門の中から一詩頌だけでも受持して他人に聞かせたり、教えたり、法門にたいして敬意をいだいたりなどする者があれば、その者は未来世において正しいさとりをえた尊敬されるべき如来となるであろう、なぜなら法門中の一詩頌だけでも受持する者は如来とみなされるべきであるから、云々ともいわれている。[③]経典を崇拝する精神がこのように旺盛であるから、法門の受持者であり読誦者である法師を畏敬し讃嘆する言葉もとうぜん多くみられる。たとえば経の受持者である法師を一言でも誹謗する者は、如来に向って一劫もの間悪口をいうよりもひどい悪行であるとか、『法華経』の法門を書写したり書物として肩にになう人は如来を肩にになう人である、かれはどこへ行っても衆生たちに合掌され、恭敬され、供養されるべきである、云々といわれている。[4]このような経典やその受持者としての法師を讃美する思想は、ひとり『法華経』だけにかぎらず他の大乗経典にもみられるところであり、それは初期の大乗教団がいかにつよく経巻受持の信仰を中心に結ばれていたかを偲ばせるものである。『般若経』では、般若波羅蜜にたいする遵法の精神が経全体の基調となっている。法を守り般若にかんする一切の疑念や恐怖をしりぞけることが不退の菩薩のつとめであり、そのために、かれは身命をも惜しまないとされている。[5]般若波羅蜜は『般若経』自身を意味するから、『法華経』のばあいと同様、ここでも法門すなわち経にたいする帰依・信仰が般若教徒に課せられた根本命題となっていることを指摘することができる。ただ『般若経』には、法師への表敬をあらわにする「法師品」などが設けられていない。しかし般若波羅蜜を吟唱する善男子や法師には、多くの天子たちが近侍して法に帰依し、説法者を保護するという情景はたびたびみられる。法師の説法が諸天の保護によって継続されるかぎり、その雄弁が聴聞者をひきつけて尊敬の念をもたせつづける。諸天の保護は法師にそなわる雄弁の功徳の一つであって、その功徳が法師をしてあまねく有情世界に供養されるべき存在者となすのである。

ところで、『般若経』では、諸天の保護とは般若波羅蜜じしんによる保護を意味する。たとえば『八千頌般若経』によると、梵天や帝釈天などの諸天が、般若波羅蜜を受持したり読誦したりする善男子たちを保護することを世尊に約束している。また、般若波羅蜜を吟唱する法師には幾千・幾百もの天子たちが近侍して、法師の雄弁を引き出すことにつとめている。法師の雄弁は諸天の保護によってますますその威力をますわけであるが、同時にそれは、般若波羅蜜を受持したりする者に与えられる現実的な功徳であるともいわれている。[6]『般若経』の読誦者である法師が受ける諸功徳はすべて般若波羅蜜から生じるものであり、それはとりもなおさず般若波羅蜜が法師を守り、その雄弁を保証するということにほかならない。

二

これにたいして般若波羅蜜を直接説かない『般若経』以外の大乗経典では、般若波羅蜜にかわる明呪または守護呪を必要としたのではないかと思われる。守護呪とは真言句（mantra-padāni 呪句）のことであって、経典によって異なるが、おおむねそれは帝釈天とか梵天などを招請する、いわば諸天の招請句である。[7] しかもそれは、初期の大乗経典では、多くのばあい、法師を守護するための呪句とされている。たとえば『法華経』の「陀羅尼品」では、経を受持する者を保護するために薬王菩薩が呪句を説いたあと、勇施菩薩が世尊につぎのようにのべている。[8]

わたくしもまた世尊よ、このように法師の利益のためにダーラニーの呪句を与えましょう。そうすれば、そのような法師にたいして、すきをねらい、すきを求めても、だれもすきにつけこむことはできないでありましょう。すなわちヤクシャにせよ、ラークシャサにせよ、プータナにせよ、クリティヤにせよ、クンバーンダにせよ、餓鬼にせよ、すきをねらい、すきを求めても、すきにつけこむことはできないでありましょう。

世尊、我亦為レ擁下護読二誦受三持法華経一者上、説二陀羅尼一、若法師得二是陀羅尼一、若夜叉、若羅刹、若富単那、若吉遮、若鳩槃茶、若餓鬼等、伺二求其短一無二能得レ便。

ヤクシャ（夜叉）やラークシャサ（羅刹）たちが法師のすきにつけこまないように法師を守るということは、さきの『般若経』のばあいと同様、それによって法師の雄弁・説法がたえまなく継続されて法門が栄えることを意味している。すなわち法師の雄弁とそれにたいする尊敬・供養は、同時に正法の繁栄を約束することである。事実ここでの呪句の中にはそのことを暗示するような、'dharma-parikṣite'（法門の守護）、'saṅgha-nirghoṣaṇi'（教団の唱和）、'ruta-kauśalye'（言語に巧みであること＝雄弁）などの語句が含まれている。このように呪句とは、まず第一に法師の雄弁を引き出し、第二にそれにもとづいて正法の隆盛が約束されるという性格をもっている。

第一の性格は第二のそれを予想しているが、このばあい、法師の雄弁を象徴するものがダーラニー（dhāraṇī 陀羅尼、総持）である。法師はこれによって正法を記憶して巧みに演説することができるから、右で法師の守護呪がダーラニーの呪句といわれているのである。別の機会で指摘したとおり[9]、この法師と密接な関係にあるダーラニーは文字通りには教法の憶持力を指していて、直接真言を意味しない。他の例をあげると『大集経』の「海慧菩薩品」における梵天呪とか帝釈天呪はやはり法師を守護する呪句とされているが、これは「ダーラニーの呪句」とはいわれていない[10]。しかしこれも『法華経』の呪句と同じように、法師の雄弁を引き出すための守護呪と考えてよいことは明らかである。このような例は他にもみられるところから[11]、大乗経典に説かれる呪句または守護呪といわれるものは、直接的にせよ間接的にせよ、すべて法師の守護を目的とするものと解してよいようにも思われる。これに関連して筆者は最初期の大乗経典における「ダーラニーのための句」の用例を検討した際、ダーラニーの手段または契機となる語句の表は、ある時はそれにもとづいて諸仏を憶念し、またある時はそれによって仏説の無限の意味をよみとるものであることを指摘しておいた[12]。それは諸仏の特性とか法門を憶持することができるような意味のある一群の語句の表であり、どちらかといえば意味をもたない無内容な真言とは区別されるものである。しかし法師の無限の説法を可能にするような諸句の表がのちに真言化されて両者の区別がつかなくなったとすれば、逆にいっそう真言と法師との関係は不可避なものといわざるをえない。

右の『法華経』の「陀羅尼品」の神呪のなかに法門の守護とか雄弁（の説法）などを意味する語が含まれているということは、ここの「ダーラニーの神呪」も「ダーラニーのための神呪」と解されてよい面をもっている。なぜかといえば、『法華経』の他の品には雄弁すなわち言葉に巧みであるダーラニー（rutakauśalya-dhāraṇī）が説かれており、このダーラニーは多聞の憶持または説法を内容とするものであって直接真言を指していないからである[13]。このダーラニーを「陀羅尼品」に適用して考えてみると、そこでは神呪によって「言葉に巧みであること」がねがわれ擁護されていると解される。すなわち神呪はここでもダーラニーのための手段にすぎないもので、神呪が直接言葉に巧みであること（＝ダーラニー）を指示しているのではない。このことは法師をダーラニーの語でおきかえてみるといっそう明瞭になる。もしダーラニーを神呪とすれば、法師の擁護としての神呪はダーラニー神呪の擁護となり、神呪が神呪じしんを保護するという矛盾におちいってしまう。したがって法師を擁護する「ダーラニーの神呪」とは、あくまで教法の憶持や説法を保証する神呪であるといわざるをえないのである。

法師はこのダーラニーに通暁しているから、いかなる衆生にたいしても無限の説法が可能である。もと神呪を意味しないダーラニーがなにゆえ神呪と同化するかという問題を考えるばあい、このダーラニーに通暁する法師に解決の糸口が見出されるかもしれない。

三

ダーラニーとは「総持」という漢訳が示すように、まず諸仏の一切の教説を記憶して忘れしめないことであり、つぎにはそれをあらゆる機会にあらゆる衆生に説いて聞かせることを可能にさせるものである。しかし一切の教説を記憶させるといっても、そこにはおのずから順序があり方法があって、それにもとづかなければあらゆる教説を正確に記憶できないことはいうまでもない。経典には多数のダーラニー門が説かれているが、このダーラニー門といわれるものは、教説を記憶する方法とでも解すべき法門ではないかと思われる。ダーラニー門はいわば記憶術であって、これが種々に説かれるわけは、『般若経』には般若の教説を理解するダーラニーがあり、同様に『法華経』や『華厳経』などにも独自の法門を記憶させるダーラニーがあるためである。その多くのダーラニー門のなかでも代表的なものが大品系『般若経』に説かれる、いわゆる四十二字門のダーラニーであり、これは般若波羅蜜門ともいわれる。それはア、ラ、パ、チャ、ナにはじまる四十二文字とその一々の文字を首字とする語句または章句の表であるが、『般若経』

以外で説かれるばあいにも文字の配列はおおむね一定している。しかし語義の方は『般若経』で各字の語義が空不可得で一貫していたものが、あるばあいには清浄の語義が与えられたり、またあるばあいには独自の法門が示されたりしていて一定していない。[14] これは文字は同じでもその文字で説示される法門は各経典でそれぞれ異なっているためと、それを理解する衆生の機根も各別であるためであり、説法の内容の多様化を意味するにすぎないのである。

このように四十二字門はもともと四十二字のアルファベットにもとづいて各経典の教説を記憶するためのものであったが、それが同時に衆生を教化する手段として活用されもしたのである。そこに大乗の菩薩にとっての自利利他行としてのダーラニー門の意義が見出される。大乗の法師が菩薩として最高の地位をえて尊敬を受けるのも、この自利利他のダーラニー行を身をもって実践しているからにほかならない。[15]

ところで四十二字門の各文字はそのまま種子真言でもあるため、このダーラニーに通じた法師には、真言神呪を自在に駆使することが可能であった。ここで看過してはならないことは、神呪の性格がさきにみたとおり、諸天の守護を約束する招請句である点である。諸天を招請することができる呪とはいわば諸天の言葉であり、これによって諸天を招き呼ばれるのである。そしてそのことが可能な人はいうまでもなく法師その人である。法師が諸天の言葉を語るということは、四十二字門が神呪化するということであるが、それは人間の文字―それもきわめて限定されたインドの言語手段・文字―が天・竜・夜叉などを含むあらゆる衆生の言語手段と化すことを意味している。しかしじつはそのことは、一切衆生を対象とする法師の説法のなかに最初からとうぜん予想されていることである。ある経（大集経）によれば、ダーラニーは天竜八部衆の言葉を知ることである、とされている。[16] そこで強調されていることは、ダーラニーによって菩薩は無限に法を説きうるということであるから、このばあい天竜八部をもって一切衆生を代表させているわけである。おそらく現実には天・竜などの言語とは、サンスクリット文化圏以外の辺境の地か外国の言語を暗示しているものと思われる。じじつ四十二字の中にはサンスクリットにない西域または西方の国の言語を示唆する字母（たとえば ysa）が含まれている。[17] それは四十二字門がこれらの地方の人々をも対象とする法門であったことを推定せしめる。同時に般若の法門がインドの言語手段では通じない地に流伝したときに、そこで行なわれていた言語がサンスクリットに代わって人々の説法教化の手段として用いられた事実を、それは暗示している。『法華経』の「法師功徳品」に、如来が完全な涅槃に入ったあとで法門を受持したり読誦したりすれば、その菩薩の意根は清浄となり、一詩頌を聞いただけで多くを理解して一ヶ月間ないし一年間も教えを説く、とあり、さらにかれはいかなる教えを説いてもそれを記憶し忘れることがない、俗世間の事柄（lokavyavahāra）にせよ、呪文（mantra）にせよ、何が語られてもそのすべてを法の道理と一致させる。三千大千世界において六趣に生まれて輪廻するいかなる衆生にせよ、そのありとあらゆる衆生たちの心の動きや活動を知るであろう、とされている。[18] ここにいわれるような法門を受持してそれを無限に説きうる菩薩といえば、まさしくダーラニーを実践しつつある法師を彷彿させるのであるが、この法師は、俗世間のことであろうと呪文であろうと何が語られても、そのすべてを法の道理と一致させるといわれている。俗世間のこととか呪文とかいわれるものは、世間的な日常生活において衆生が関与している職業の知識とか用語を指しているものと思われる。今日でいえば、それは法律用語とか商業用語、さらには外国語などを含むものであろう。法師はこれらの用語に熟達していたればこそ、あらゆる職業に従事している人々を対象として法を無限に説きえたということであろう。三千大千世界の衆生の活動を知るとは、あらゆる有情の世界で通用している一切の言語や慣習を理解することにほかならない。ここにおいてわれわれは、天・竜・アスラなどの神秘的な有情の言語としての呪文がきわめて具体的な現実性をもったものであることに気づくのである。

四

神秘的な有情の言語としての神呪に通じていることがダーラニーであるとすれば、「ダーラニーの神呪」とは、神呪という言語手段を用いて諸天の保護を手中にすることであることはもはや明らかである。諸天の保護はダーラニーに通じた法師の特権であって、それゆえに『法華経』や『大集経』などの神呪が法師に捧げられることになったものと思われる。神呪はしばしば実体化されてそれ自身に何か不可思議な能力がそなわっているかのように誤解されやすいが、不可思議な能力は神呪を巧みにあやつる法師に帰せられるものであって、神呪にはいかなる実体も能力も存在しない。これをわかりすくいえば、諸天の言語としての神呪は特定の外国語のようなもので、法師はそれを話すことができるから諸天に意志を通じ、かれらを招きよせることができる。神呪を知らないものにとっては、それは火星語にも等しいもので何の役にも立たない。神呪はそれを理解する者がそれを媒介としてはじめて諸天の招来などの効力をもつにいたる。このように考えてくると、神呪とダーラニーの関係もいっそう明瞭となる。すなわち神呪をある特定の外国語とすれば、この外国語に通じていることがダーラニーであるということになるからである。神呪はダーラニーによってのみ、神呪としての有効性を発揮することができる。ダーラニーに通じた法師を介さなければ神呪は無意義であり、価値をもたない。

　神呪とダーラニーとの関係は、最初からいわば特定の言語とその使用というような密接不離の関係がみとめられる。やがてこれらが同化して一体となり、のちに両者は区別がつかなくなった根拠はここにあると考えられる。周知のように、ダーラニーは大乗仏教のきわめて古い文献から後代の密教経典にいたるまである時は単独で用いられ、またある時は神呪と同化して説かれていて、一見その様相は複雑をきわめる。もしかりに教法の憶持や説法弁才のダーラニーを大乗のものとし、神呪を密教のものと単純に規定するとすれば、ダーラニーの神呪化は大乗仏教から密教へのきわめて自然な流れであり、展開であったといえそうである。しかも中期以降の大乗経典において、すでにダーラニーと神呪とはあるばあいには渾然一体となって両者の区別はさだかではない。しかしそのばあいでも、大乗の菩薩のダーラニーには、当初から自利利他双修の理念がつらぬかれていることを見落してはならない。

ここで注意を喚起しておきたいことは、ダーラニー・神呪の目的が、大乗経典の受持者である法師にたいする尊敬と擁護にあった点である。後代になると神呪は種類も機能も多様化して複雑をきわめるが、その多様化のなかにこの法師の擁護という神呪の本来の精神がいかに保たれているかが問われなければならない。それがじつは神呪の本質にかかわる問題であると思われるからである。前述のとおり、法師の擁護は大乗経典にたいする熱烈な信仰あるいは護法の精神が支えとなっている。護法とは正法の護持（saddharma-parigraha）のことであって、これには菩薩のつよい決断と勇気が秘められている。[19]なぜなら、菩薩は涅槃の城を守るために内なる煩悩を破壊して自ら正覚を成就する勇断と、法音がたえまなく継続されて法城が栄えるための堅固な甲冑を着けなければならないためである。このような護法のつよい精神が法師の擁護につながるわけであるから、それが意味するものは神呪の一句が一人の法師を一時的に保護するというような単純なことではない。法師の保護は法師個人の利益であるだけにとどまらずに、法音が一切の有情世界におよぶという面をもっている。そこには一人の法師の法音が、時空をこえて最後の一有情の救済にいたるまで継続されていくというようなつよい願いがこめられている。法師を擁護する神呪の一句にも、このような菩薩行の深い意義の一端をよみとることができる。密教を含めた大乗の長い歴史的な展開の過程で、神呪がどのように多様化されそのつどどのような役割をになわされるかについては、筆者はいまだ充分な考察を用意するにいたっていない。そのためもしかりに、後代神呪の種類が多く生じて用途も多様化するといった現象がみられると仮定したときに、ある神呪が特定の個人の利益や目的にのみ使用されるというような例があるものかどうか、目下のところ不審である。いまはただそのような例があるとしても、その一面のみをもって神呪またはダーラニーの全体像を把握することができないことを指摘するにとどめておきたい。ダーラニーと神呪には分かちがたい密接な関係があることは事実であるけれども、両者の同化の過程における種々の要因を考慮することなく結果の一面しかみないならば、その本来の性格や意義を見誤るおそれがあるといえるのである。

五

神呪が個人的な罪業の消滅のために唱えられるものでありながら、真の目的はそれによって法師の擁護、すなわちダーラニーをえることであることを示す資料の一つに、『謗仏経』（一巻、菩提流支訳）がある。この経は竺法護訳の『決定総持経』（一巻）の別訳であるから、[20]その成立は古く二世紀以前に遡るものと思われる。新訳の方が古訳に比してやや内容の描写に粗略であるうらみがあるが、全体の内容はまったく一致している。当面の問題となっている神呪とダーラニとの関係についていえば、『決定総持経』に「総持章句」として翻訳されている「ダーラニー句」（dhāraṇi-mantrapadāni 陀羅尼句）は、『謗仏経』およびそのチベット訳では神呪化されて音写されてしまっている。[21]しかし両方ともそれは罪業を消滅させるものでありながら、内実は法師の擁護を指している。したがってこの経は法師とダーラニーとの関係はもちろんのこと、そのダーラニーが神呪化されてなお法師との結びつきを暗示する点で注目すべき文献の一つであると思われる。以下『謗仏経』のチベット訳（Āryabuddhākṣepanamahāyānasūtra『聖者不捨正覚大乗経』）にもとづいて、経のおおよその内容をうかがうことにしたい。[22]

あるとき、世尊は千二百五十人の比丘の大集団と八万の菩薩とともに、王舎城の霊鷲山に住しておられた。その集会に参列していた離憂悲菩薩をはじめとする十人の菩薩は、ダーラニーをえるために七年間努力したにもかかわらず、いまだに心を安定させることもダーラニーをえることもできなかった。かれらは努力しても思いのままにならないところから倦怠心を生じ、学ぶ意欲を失って仏法より遠ざかるばかりであった。かれらは阿闍世王とともにその集会に参列していたが、そのとき、不畏行と名づける菩薩が来会していた。この菩薩はダーラニーを逮得し無生法忍をえて、一切の智慧の法門などを成就している智者であったから、法を説くにあたって一切衆生の心の動向をよく了解していた。この菩薩は世尊にたいして、かの十人の菩薩がダーラニーを七年間求めているにもかかわらず、いまだその願いをとげず仏法を捨てて再度俗人となっているので、かれらが何とかして智慧をえるように教えを示してほしいと懇願する。そこで世尊は不畏行菩薩に、まず、かれらの努力が結ばれないのはかれらがかつて「不捨正覚者」(buddhākṣepana)というこの法門を聞こうとせず、仏の誹謗をなしたためであるとのべ、その過去の事実から説明している。それによると、三十劫をへた過去世の光焔世界において観世自在如来がおられたとき、この十人は大富豪の子であった。かれらは五百の仏寺を建て、各寺に千人の比丘を住まわせた。そのとき弁積(pratibhāna-kūṭa)と名づける法師がいてダーラニーをえて法を誦していた。この法師は五千の諸仏が弁才を与え、八億の天子が守護供養するほどであったから、ひとたび法が説かれると七万の衆生が無上菩提から退かないものとなった。このとき月得と名づける国王がいて弁積法師に五百の婇女とともに伎楽や音楽で供養し、種々の宝花を散じて栴檀香を塗り、五百の好衣をもって身体をおおった。このようにして国王は七日間最勝の供養をしたが、このときかの十人は法師を誹謗した。その業の報いとして、かれらは九万年間地獄の種々の有情に生まれた。五百年の間、去勢者や異人や邪見の徒の家に生まれた。六百年の間、生盲や聾唖者に生まれた。七百年このかた良家に生まれて身命をつくしたが、いまだダーラニーをえず臨終のときにいたった。これはひとえにかれらが罪業にさえぎられているためであるから、かれらにこのことを覚らせなければならない。すなわちこの法門を聞いて法師を誹謗したりしないようにさせなければならない。その理由をいえば、およそ一切衆生の目をえぐることよりも法師にたいして乱心を抱く方が罪が重く、一切衆生を捕縛することよりも法師に悪心をもつ方が罪が重い。前者は後者の百分の一にも、千分の一にも、ないし無数分の一にもおよばない。それは法師を誹謗することによって、仏を害することになるからである。それゆえ仏を恭敬しようと思えば法師を恭敬すべきである、云々。このあと世尊は不畏行菩薩の質問に答えて、かれらの業障が浄められる法門としてダーラニー神呪の句を教える。そしてかれらがこのダーラニー神呪の句を誦して、七日間受持するなどの修行をし、念仏三昧を修すれば千仏にまみえる、と説かれる。そこでかれらはいわれたとおりに出家してダーラニー句を誦し、七日間修行につとめて念仏三昧を修して千仏にまみえ、業障を懺悔した。そうするとそのとき、まさに一切を成就させる智慧の門（一切智門集）というダーラニーをえて、三十劫をへて生死の業を滅し、無上菩提から退かない者となった。

このように説いたあと、世尊は、法師に恭礼した月得国王は現在の無量寿仏であり、弁積法師は阿閦仏であり、十人の善男子たちは今の十人の菩薩である、とのべ、菩薩はしかるべく空性を奉行するなどの四法を修して菩提（心）を浄めるべきである、と説かれる。このあと、世尊によってこの法門が説かれたときいまだかつて道心を生じなかった三万の有情が菩提心を生じ、五千の有情が法眼をもって塵なく無垢清浄となり、三万の菩薩が無生法忍を生じ、この法門を聞く者は菩薩大士を尊重する者となった、という。またこの法門を聞く功徳は三千大千世界を宝で満たして三宝に布施をするよりも、千劫の間五波羅蜜を行ずることよりも、千仏にたいして日に三度礼拝して恭敬するよりもすぐれているから、この法門を守り、受持し、解説し、書写すべし、と説かれている。最後に世尊のこの教えにたいして、不畏行菩薩をはじめとする諸菩薩や比丘たちや天・人・アスラなどの会衆のすべてが狂喜して世尊を讃嘆した、という。

六

以上が『謗仏経』の大要であるが、古訳の『決定総持経』とくらべると後者の方が説明の量が多く内容も充実している。一例をあげると、前者では最初の会衆の描写のなかで、離憂悲菩薩をはじめとする十人の菩薩が仏法から遠ざかった過去世の謗仏の徒ということになっている。しかし後者の『決定総持経』では、離憂悲菩薩と同人と思われる無憂首菩薩をはじめとする諸菩薩とは別に十人の善男子（族姓子）がいて、かれらが過去世で法師を非難した、という設定になっている。仏陀の会座の大菩薩が謗仏の徒であるという設定は一般の経典内容の常識からはみ出したものであり、これはどう考えても誤った記述であるといわざるをえない。この部分はやはり『決定総持経』のように、大菩薩とは別に十人の善男子がいて、かれらが不敬の徒であったとする方が正しいと思われる。そのほかにも疑問に思われる個所がないわけではないが、それを一々追求することは目下の所論からそれることでもあるのでしばらく保留しておきたい。

さて経の主張は、いうまでもなく、法師への誹謗が他のいかなる大罪にもまさるということである。経は、その理由を法師を誹謗することは仏陀その人を誹謗することである、とのべ、法師の尊厳を強調している。法師とは法の体現者であるから、いわば法そのものである。[23] 同時にその法は仏陀の金口より流れ出たものであるから、法師を誹謗する者は法を軽視し仏陀を冒瀆する大罪者となる。ここに登場する十人の善男子たちは、過去世において法師を軽んじたがゆえにその罪の結果は九万年間地獄に生まれ、ないし今生において臨終にいたるまでダーラニーをえざる者である、とされる。ここでわれわれは、法師の誹謗による大罪―それは同時に法師にたいする尊厳を強調する―を説くこの経が、それと並行してことのほかダーラニーを重視していることに気づかしめられる。法師の、仏にも比すべき名誉を象徴するのはダーラニーであるが、反対に十人の不敬者はダーラニーを失ったがゆえに地獄の罪に会い、現在もなお法の恩恵に浴さないわけである。そこで仏陀は、かれらが犯した罪を贖うために、業障を浄める法門としてのダーラニーの句を教えるのであるが、この神呪はひとたび失われたダーラニーを回復するためのものである。『謗仏経』の漢訳、チベット訳ともに、この句は悪業を浄める「ダーラニー(神呪)句」となっていて、「多軼他、阿制、阿車婆坻、阿那毘麗、……余知、那耶、波離舒池帝(tadyathedam acche acchavati anāvile……yoti nayo pariśodhi)」という真言神呪が出されている。[24] ところが『決定総持経』には、これが「総持章句」として「修清澄鮮潔句、清且凉、……普清浄、無不浄」というように翻訳されている。[25]

両者は完全に一致せずともに難解であるが、『決定総持経』にみられる右の語句はいずれも清浄を意味するものであるから、これらは罪障消滅をねがうに適した語句であるといえる。罪業の消滅が同時に過誤を自覚する智慧の獲得であることは、この神呪を受持し読誦するなどによって智慧の門であるダーラニーをえた、とあることに示されている。ここにおいて十人の善男子たちは、はじめて自らが犯した罪の重大さに気づいてそれを懺悔し、ふたたび仏にまみえることができたわけである。神呪によって罪業を自覚したということは、このばあい、十人の心に法師にたいする擁護と尊敬の念が生じたということである。それはおそらく法師の誦す法の一音が、十人の謗仏の徒をかえって仏法の護持者に変えさせたということであると思われる。法師が誦す法の一音はあらゆる衆生の智慧をよびおこす覚悟の一音となって聴聞者の心に熏習する。そこに自覚の智慧が無限に開発されていくわけであるが、その智慧を開発させるものがほかならぬダーラニーであることは、もはや説明を要しないであろう。以上によって、われわれは、法師と神呪とダーラニーの三者には、大乗の自覚覚他の理念にもとづく、きわめて普遍的な関係があることを理解するのである。

経典によっては、あるばあいには法師とダーラニーのみが説かれたり、またあるばあいには法師と神呪が説かれるのみであったりして、三者の関係はいつのばあいでも明瞭であるとはかぎらない。しかし右のように神呪を法師が唱える法語の一節であると理解すれば、一見複雑かにみえる諸問題が容易に解決されるように思われる。要するに、法師が法音を誦すという簡単な事実のなかにすべてが集約されている。その法音が天・竜・アスラなどの有情を呼び寄せるときは守護呪となり、それが罪深い衆生に悔悟の念を呼びおこすときには、罪業消滅の神呪となるということである。そのばあい、ダーラニーは法師の説法を可能にさせる多聞の憶持力であるから、法師をして法師たらしめるものである。それもじつは説法という一事のなかに含まれている。法師の守護は、法師が唱える法の一音によって保証されているというべきであろうか。

注

① 静谷正雄「法師（dharmabhāṇaka）について―初期大乗仏典の作者に関する試論―」印仏研三一―一、一三一頁以下、同『初期大乗仏教の成立過程』二八六頁以下参照。

② 法師の原語である‘dharmabhāṇaka’は大乗仏典ではじめて使用された言葉であり、それは大乗仏教を唱導し指導した人人がみずから名乗った名称であると考えられている。これにたいして律や阿含で法師または説法師と漢訳される原語に‘dharmakathika’があるが、これは大乗経典ではほとんど用いられていない。このように dharmabhāṇaka とdharmakathika とは仏典上の現れ方が異なるから、同じく法師と漢訳されているとしても、その職能や発生した歴史的事情にはへだたりがあろうとされている。静谷前出論文一三一―一三二頁。塚本啓祥「インド社会と法華経の交渉」、坂本幸雄編『法華経の思想と文化』三六―三八頁。松濤誠廉他訳『大乗仏典5法華経Ⅱ』二六頁、訳注⑥参照。

③ P. L. Vaidya, *SP* p. 145.『妙法蓮華経』大正九、三〇下。松濤右同書八―九頁。塚本前出論文四六―四七頁参照。

④ *SP* p. 146.『妙法蓮華』大正九、四五下―四六中。松濤右同書一一頁参照。

⑤『小品般若・阿惟越致相品』大正八、五六五下。『摩訶般若・堅固品』大正八、三四三中下。

⑥ 本書一〇九―一一一頁参照。

⑦ 右同一一一頁以下参照。

⑧ *SP* p. 233.『妙法蓮華』大正九、五八下、松濤前出書一八二頁参照。

⑨ 本書八六頁参照。

⑩ 本書一一一頁参照。

⑪ たとえば『入楞伽経・陀羅尼品』に説かれる真言句（mantrapadāni）も法師を摂受するためのものである。大正一六、五六四下、B. Nanjō, *LAS* p. 260. 安井広済『梵文和訳入楞伽経』二三五頁参照。

⑫ 本書一一八頁以下。

⑬ 右同一一七頁参照。

⑭ 本書八三頁以下。

⑮ 法師の地位は菩薩思想の発展にともない理念的にも高められた。とくに十地中では第八地以上に位するものとされ、そこで法師は種々のダーラニーをえて自利利他を実践する大法師（mahādharmabhāṇaka）として称えられている。第九地の大法

師については『十地経論』（巻一一）大正二六、一八九下、北京版チベット蔵経一〇四、一二二―五―七以下、『菩薩地持経』（巻九）大正三〇、九四四下（荻原雲来校訂梵文三五三頁）参照。なお『十地経』および『十地経論』における第九地の法師をとり扱ったものに伊藤瑞叡「第九地について―dhasmabhāṇakaの理想形態―」（大崎学報一二五、一二六、一二八―四六頁）がある。

⑯ 拙稿「大集経におけるダーラニー説」印仏研二六―二、一〇五頁参照。

⑰ 本書八三頁および一〇三―一〇四頁注㉒参照。

⑱ *SP* p. 221. 『妙法蓮華』大正九、五〇上（ただしここにはmantraにあたる訳語はみられない。他の漢訳のばあいも同様である）。

⑲ 大乗の護法の意味と用例については本書一〇八頁以下参照。

⑳ この経と法師との関係については静谷前出「法師（dharmabhāṇaka）について」より示唆を受けた。

㉑ 大正一七、七七二上、同八七七中。北京版三七、一〇四―四―二。

㉒ 大正一七、八七六上―八七八上。北京版三七、一〇三―一―五～一〇五―三―二。『謗仏経』の経題がチベット訳では'Ārya-buddha-akṣepana-nāma'（北京版 No. 942, デルゲ版 No. 276）と漢訳のそれとはまったく正反対の経名となっている。これはおそらくチベットの訳経者が「謗仏」（buddha-ākṣepana）のごとき経題を採用することをはばかったものと推定される。経中の法門としての「不捨正覚者」（buddha-akṣepana）のばあいも同様であると考えられる。

㉓ 『八千頌般若経』によると、法師は法身の威徳力（dharmakāyānubhāva）によって大群衆をもけっしておそれないから供養される、といわれる。P. L. Vaidya, *ASP* p. 50. 梶山雄一『大乗仏典2 八千頌般若経I』一三三頁、高崎直道『如来蔵思想の形成』三八八頁参照。

㉔ 大正一七、八七七中。北京版三七、一〇四―四―三～四。

㉕ 大正一七、七七二上。

Ⅲ　陀羅尼から真言陀羅尼へ

初期密教の解脱観

一

ここにとりあげようとする初期密教とは、中期の密教経典である『大日経』や『金剛頂経』が成立する六世紀以前に成立した雑密経典の密教を指す。『大日経』や『金剛頂経』にくらべると、陀羅尼（dhāraṇī）または神呪・真言（mantra密呪）は説かれているが、整備された曼荼羅（maṇḍala）の諸仏のパンテオンは現れていない。また観法・修法のくわしい規定もみられない。その意味では、はたして雑密経典のすべてを密教経典といえるかどうか、はなはだ疑問である。[①]

雑部を『大日経』系と『金剛頂経』系の密教に対比した用例は、空海の『三学録』が最初であるとされている。[②] さらに純密と雑密を対置させてそれぞれの特色を述べたのは、徳川中期の慧光にはじまるとされている。[③] このように、純密とか雑密とかの区別は空海以後の日本の密教家においていわれだしたことである。しかしその思想の萌芽は、中期の密教経典において認められるようである。たとえば、七世紀に阿地瞿多によって漢訳された『陀羅尼集経』に仏頂心呪を心中心呪と呼び、この心呪は釈迦牟尼仏が成道時に菩提樹下で誦して護身結界し、諸魔を降伏したものであると述べている。またこの心呪は一切の天魔外道の呪法を解除し、一切の怨敵や摩醯首羅（Maheśvara）をはじめとする諸天鬼神所説の呪術を降伏するものであるという。[④] ここには一切の怨敵をしりぞけるという説き方ではあるが、釈迦牟尼仏が成道時に用いた成仏の仏頂心呪は、外道および諸天鬼神の使う呪術とは異なってすぐれたもの、とする思想を読みとることができる。このばあい、仏頂心呪の陀羅尼も外道・諸天の呪術・呪法も表現上は同じ言語を用いるであろうけれども、仏頂心呪は他のものとは質的に異なるものであるという意味で、心呪（hṛdaya）または心中心呪（upahṛdaya）とされたように思われる。

学者によれば、『大日経』、『金剛頂経』の成立は、インド密教史において一時期を画したが、この両部の純密すなわち正純な密教にたいして、それ以外の非組織的・断片的な密教を雑密すなわち雑部密教と称するのが通例とされている。[⑤] 組織的で総合的な純密を象徴するものは曼荼羅であるから、この曼荼羅が説かれるか説かれないかによって、大乗的な雑部経典と純密経典を区別する目安にすることもある程度可能である。私見によれば、雑部経典に説かれる陀羅尼や神呪もしくはそれらにともなって並説されていた諸仏・諸功徳（つまり法宝）が、曼荼羅の発展とともにすべてその中に包摂され、それらが組織的に整備されているのが純密である。[⑥] その雑密より純密にいたる過程で、右の『陀羅尼集経』の仏頂心呪のように、同じ陀羅尼や神呪でも作仏を予想するものとそうではない雑呪とが区別されるというように、陀羅尼・神呪にも教義的区別や選択がなされていったわけである。

その典型的な例に時代は下るが『大日経疏』の五種の真言の教判がある。[⑦] そこでは大別して真言には五種ありとされ、一、如来説、二、菩薩金剛説、三、二乗説、四、諸天説、五、地居天（竜鳥脩羅之題）説が区別されている。これによると、同じ阿字でも、一の如来説では一字のなかに無量義を具えるものであり、略していえば、阿字には不生と空と有の意味があると知るべきであるとする。二の諸菩薩の真言では、各自の所通達の法界門中において一切義を含むと知るべきであり、普門法界中において一切義を具えるということではない。三の二乗の真言では、ただ尽智、無生智の寂滅涅槃に約して不生義を明かすものであり、四の梵天所説真言では、五欲の出離覚観に約して不生義を明かすものであるという。このように、雑密経典においては、非組織的に説かれていた如来所説から地居天説にいたる真言が、純密経典では明瞭に組織体系化されるにいたった。ここにおいて、胎蔵系と金剛界系の曼荼羅が成立する基盤が整ったわけである。しかし、曼荼羅が説かれず、真言の教判もなされなかった初期の雑密経典では、現世利益から成仏にいたる種々の真言神呪が何らの統一もなく、雑然と説かれるままであった。まったく同じ事情が、一般の大乗経典に説かれる神呪にもみられる。未組織な神呪に教判がなされない以上、雑密経典の神呪を一般の大乗経典の神呪と区別する方法は何もないといってよい。しかしこの問題はいまだ未解決の問題であり、ここで深く立ち入ることはできない。そこではなはだ不本意なことではあるが、従来の慣習どおりに、陀羅尼・神呪を説き、それを一経全体の基調にしている初期の陀羅尼経典(多くのばあい陀羅尼の法門または神呪名が経題となっている)を雑密経典とみなして、そこに展開されている陀羅尼および神呪を中心に解脱観がどのように展開されているかを考察してみたい。

二

多くの密教経典を成立史的に俯瞰して、初期の密教における特色や問題点を浮き彫りにした最近の研究成果として、松長有慶博士の『密教経典成立史論』をあげることができる。このなかでは、問題点がつぎのようにまとめられている。[8] すなわち六世紀以前に漢訳された初期密教の経典のなかでも、現世利益の祈願にまじって成仏に関説した例がみいだされないわけではない。しかし、その数は現在の密教経典全体からみると、きわめて少ない。この時代の密教経典の大部分は、鬼神や悪霊などによってひきおこされるさまざまな災難から逃れるために、陀羅尼とか経典を受持し、読誦し、書写することをすすめている。それに比して、七世紀の中葉に漢訳された経典、なかでも玄奘訳のそれには、陀羅尼読誦と成仏が不可分に結びつけられている。このことにより、『大日経』や『金剛頂経』をはじめとする中期の密教経典を形成する素地の一つともいうべき、現世利益的な除災招福から、成仏へという修法目的の変化が、おそくとも七世紀の初めころにかなりの程度に進められていた、とされる。

この見解は、初期の雑密経典と目されるものから中期の純密経典へと発展する過渡期における、雑密の陀羅尼・神呪の内容の変遷を適確にとらえたものである。たしかに右の指摘にあるとおり、当初はただ除災招福を目的とするのみであった雑密の神呪の読誦などにも、のちには正覚・解脱の内容や目的が盛られてくるようになる。その過程で、玄奘訳の密教経典において、とくに陀羅尼の読誦と成仏とが不可分に結びつけられるという事実が指摘できるわけである。

しかし、松長博士も認めていられるように、それはただひとり玄奘訳だけにかぎられるというわけではない。玄奘と同時代の智通やそれより半世紀あとの菩提流支の訳経典にも一部共通してみられる。[9] しかもそのことは、玄奘以前に訳出された雑密経典にも少なからず認められるようである。玄奘以前に訳出された陀羅尼経典の数は、百五十以上あるが、その半数以上の経典の神呪に見仏や作仏、正覚・仏智などの内容および目的が多く含まれている。それらをいちいち列挙する煩は避けたいが、このことをみても、神呪には初期の雑密の段階から、かなりの部分に正覚とか作仏の内容がよみこまれていたように思われる。ここでわたくしは、初期の大乗経典では守護呪の神呪と多聞憶持のダーラニー（陀羅尼・総持）とは別して説かれているということを考慮して、雑密の経典にもこの事実を適用して考えてみたいと思う。その結果推定しうることはつぎの二点である。

一、初期の雑密経典では、作仏・正覚（解脱）を目的とするダーラニーと、現世利益を目的とする神呪とは別々に説かれていた。

二、この別々に説かれていたダーラニーと神呪とは、のちに同化して両者は区別がつかなくなるが、同化したがゆえに神呪にも作仏の目的が加えられるにいたった。

以下この二点にそって考察を進めていきたい。

三

雑密経典のなかでも最初期にぞくするものとして、後漢失訳の『安宅神呪経』と呉支謙訳の数種の神呪経典があげられるが、これらの経典では、ダーラニーと神呪とは相互に関係をもっていない。これは右の第一の推定を支持するものである。まず支謙訳のものから検討すると、『無量門微密持経』のダーラニー（持）は念仏を内容とするもので、種々の仏の功徳を列挙した語句（持句）を思念することによって、智慧の清浄心地を開発していき、無上正等覚をえることを最終目的とするものである。[10] この『微密持経』は、不空訳の『出生無辺門陀羅尼経』をはじめ多くの異訳があり、それらのほとんどで念仏のための持句が神呪化される。[11] しかしこの『微密持経』と東晋仏陀跋陀羅訳の『出生無量門持経』では、仏の諸功徳を示す持句が意訳されていて、それぞれ意味をもっている。支謙訳の持句のうち主なものをとり出すと、無為無向如正意解、如微妙行不動寂静、無量無上微密無垢、清浄自然惟無、果而大勇為美誉、強而有勢光大照などである。経ではこれらの句につづいて、仏が舎利弗にたいして、このような持を行ずる菩薩は数に限りあるものとせず、無数法を行じて知を以ってせず、諸法に覚を断ち、法の合離を見ず、起滅を見ず、去来現在の智あらず、また法を知らず、已成未成の随仏念行は相を念ぜず、云々と否定の言葉をもって教説する。そして一切法行における無受を名づけて念仏と為す、とむすんでいる。これによって判断すると、ここに説かれる持句とは仏の有限無限の諸功徳（諸法）をのべる句であって、とても神呪といえるものではない。このばあいの持すなわちダーラニーとは、作仏を目的とする念仏行であるといえるのである。作仏を目的としているから、そこにはとうぜん業・煩悩からの解脱がよみこまれている。そのことは、持を学ぶことによって、一、常念諸仏、二、不有邪行、三、疾除行蓋、四、入無量門微密持の四功徳がえられる、と説かれていることから知られる。三の行蓋（nivaraṇa）は東晋訳では業障となっており、これの滅除が業煩悩からの解脱であることは明らかである。[12]

この経は、他の支謙訳の経典にみられるような無量寿仏の信仰を伝えている。それは持の因縁譚のなかで語られるもので、往昔宝首曜王仏の時世に、光秉と名づける転輪王の太子であった無念徳首がこの仏のもとで持を聞き、奉行して仏にまみえ、説法を悉く受持して無量門微密の持を人々に説き示して無上正真道に向わせ、ついに得仏した。そのときの太子無念徳首が今の西方仏土の無量仏である云々と説く。⑬これと関連すると思われるが、経の初めには四清浄法門として、一、人浄、二、法浄、三、慧浄、四、仏国清浄が説かれている。彼此合せて考えると、この経の主旨は、念仏のダーラニー（持）にもとづく清浄仏国土の建設にあるように思われる。

支謙訳の神呪経典としてこの他に『八吉祥神呪経』と『華積陀羅尼神呪経』および『持句神呪経』をあげることができる。これらはいずれも支謙訳に決定することはやや疑わしいのであるが、一部の疑点について別にとりあげたことがあるので、いまは経中の陀羅尼と神呪の展開のなかでの問題を予見するにとどめておきたい。

『八吉祥神呪経』は経題中に神呪の名を冠しているが、経中には八仏の名をあげるのみで、じっさいの神呪は説かれていない。経の趣旨は八仏の名前とその国土名を受持・読誦し、さらに解説したりすることによって仏と同じ相好を具足すること。地獄などの悪趣におちいることなく、阿羅漢や辟支仏道のさとりを望まず、無上平等の道を建設して常に陀隣尼に会うこと。さらにその功徳によって四天王に擁護され、天・竜・鬼神などに侵害されることがない、というものである。⑭このばあい、仏名を神呪とみなすことはのちの純密の諸真言を考えにいれた発展した解釈である。⑮かりにその解釈をここに適用して八仏名を神呪とみなすとしても、ここで陀隣尼は仏名の神呪を受持し読誦したりすることによってえられる正覚を内容とするものである。したがって、ここでも陀隣尼は神呪とは別に、むしろそれを手段として諸仏を憶念し、作仏する目的たりうるものと考えられる。

四

つぎに『華積陀羅尼神呪経』には明らかに音訳の神呪が説かれていて、しかもその神呪は「華積陀羅尼呪」と呼ばれている。⑯ところがこの神呪は漢訳では音写されていて意味も不明のようにみえるが、チベット訳によると牟尼の威光（muneprabhāsvare）とか、仏慧の持（buddhamati-dherye）、覚法の顕現（buddhidharma-avabhāse）などの語句（いずれも呼格?）が配列されている。これらはさきの『微密持経』の持句と同様に、仏徳の威光・賛美の句ととれないこともない。じじつこの神呪の前後には、如来にまみえることや念仏の修習が説かれている。チベット訳および支謙訳では、神呪が説かれる前につぎのようにいわれている。[17]

獅子奮迅よ、この華積と名づけるダーラニーがあることによって、多くの人々を益し、多くの人々を嘉みし、世間を哀愍し、かつ多くの天人の利益と安楽と幸福のためにそれは説かれるべきである。獅子奮迅よ、あるものがこの華積ダーラニーを受持し、説き、読誦し、思惟し、智慧とし、他の人々に広く正しく説明するならば、かれはいつも他生を憶念し、誤って悪趣におちいることはなく、安堵し、けっして三宝と離れない。けっして如来と離れず、けっして仏随念と離れず、けっして菩薩と離れず、けっして菩提心と離れず、けっして諸根が不具とならず、けっして卑賤の家に生まれない。甚深無量の弁才に長じ、十方無数世界の諸仏にまみえることとなる。

――獅子威諦聴・有二陀羅尼一名曰二華積一、我今当レ説、為三諸天人多所二饒益一、若善男子能於二華積陀羅尼呪一、受持読誦親近依行、功徳勝レ彼、是人世世得二一聞持一、不レ堕二諸悪険棘道中一離二諸艱難一、常見二妙宝一常見二諸仏一諸根常具、不レ生二不レ賤三卑隷之家一、常得レ不レ離二菩薩弘心一、常得二種種無量慧弁一、為三無量十方諸仏如来之所二知見一。

このあと前述のような呪が説かれ、つづいてつぎのようにいわれている。[18]

獅子奮迅よ、人あってもしこの華積ダーラニーの名と文と句とを完全に知ろうとする者は、春・夏・秋の白月の八日から十五日にかけて念仏を修すべきである。昼に三度夜に三度思念し、如来を心の一点に念じ、世尊に香・花・灯・燭をもって供養するとき、仏世尊が蓮華蔵の獅子座に着座して法を説かれるのを見る。

――獅子威当レ知、若善男子能於二此華積神呪一、若読若誦、是人当下於二三月四月九月一、従二八日一至二十五日一、一心憶中念如来相好上、夜中三誦二華積神呪一、日中亦三、至二月円時一、当下以二香華灯燭一於二形像前一而修二供養一、並誦中華積陀羅尼呪上、其人是夜夢見下如来、相好具足坐二蓮華座一為レ衆説上法。

ここで強調されていることは、念仏ないし見仏とそれにもとづく諸根の完具、無量の弁才などの諸功徳の獲得であるから、このばあいのダーラニーも、その内容は見仏・作仏を予想する念仏であることがわかる。したがってここに説かれる神呪とは仏随念のための句であって、一般の除災招福の神呪ではない。そのことはチベット訳をみると、念仏を修することが「華積ダーラニーの名と文と句」に通じるされていることから理解される。しかし支謙訳では「華積陀羅尼呪」となっていて、ダーラニーと神呪とは表現上同化している。この「華積陀羅尼」を同じ支謙訳の『微密持経』の持句と比較すると、その違いは明らかに看取される。持と陀羅尼の訳語の相違一つをとりあげても『華積陀羅尼神呪経』を支謙訳とすることには問題がある。しかしチベット訳の「名・文・句」が神呪にあたるとすれば、漢訳と同様に念仏・念法のダーラニーが神呪の功徳のなかに包摂されているとみなければならない。神呪が最初からそのような内容をもちえたかどうか。初期の大乗経典の例を考えても、その推定はやはり困難なように思われる。ともあれこの「華積ダーラニー」は内実は念仏三昧であるが、表現上はそれが神呪化しているため、支謙以後の後世の陀羅尼と神呪の同化を反映した過渡期の「陀羅尼神呪」とみてよいであろう。

五

支謙訳の経典として、最後に『持句神呪経』をとりあげる。以上の諸経と異なって、この経には神呪のみが説かれている。しかもその神呪は、天・竜・鬼神・餓鬼・人非人をはじめ、虎・狼・毒獣などの有害者から身の安全を確保する守護呪として説かれている。[19] したがって、これは仏説としてのものではあるが、解脱や正覚を志向するものではない。

同じことは後漢失訳の『安宅神呪経』についてもいえる。この経は隋代の経録に一度偽妄とされたことがあり、真典とすることに疑わしい点のある経典である。その教説内容も、七里結界などの呪文を用いて守宅諸神の妄動をふせぎ、もって家宅の安全を祈願するという特殊なものである。[20] 安宅の呪として念仏・念法・念僧の呪を説くが、その念仏は口称念仏としてのもので、憶持の念仏はみられない。したがってこの経の神呪も、いちおうダーラニーとは無関係のものと考えておきたい。[21]

このように、『持句神呪経』や『安宅神呪経』に説かれる神呪は、『微密持経』や『華積陀羅尼神呪経』のそれとは明瞭に異なっている。なぜかといえば、前二者の神呪は、仏随念のための句ではないからである。作仏を目的とする仏随念のための句と神呪とは、本来性質を異にするものであったが、いつしか両者は「華積陀羅尼呪」というごとき表現にみられる準同化の段階をへて同一視されていったことが、同じ支謙訳とされる右の諸経典をとおしてさえ跡づけられる。「陀羅尼のための句」が神呪と同化することによって、陀羅尼そのものも神呪化されてしまったわけである。

知られるとおり、一般の大乗経典でも、初期のものには念仏・念法としてのダーラニーと守護呪としての神呪とは別して説かれている。『法華経』の「陀羅尼品」や『大集経』などにみられる神呪は、『持句神呪経』のように、悪鬼・羅刹などから身を守るための保護呪として説かれている。[22] それによって、正覚や解脱がえられるとは説かれていない。しかしのちの陀羅尼経典になると、この保護呪として神呪に正覚とか涅槃といった成仏の理念が加えられてくる。そのひとつの理由は、右での考察で知られるように、神呪とダーラニーが同化したためであり、その結果たんなる守護呪が見仏・作仏の理念を持つにいたると考えられる。

同化の原因はいろいろ考えられるであろう。そのひとつとして、初期の大乗経典では、経巻を受持したり読誦・解説したりする者を擁護するために守護呪が説かれていたが、それが、雑密の神呪経典では仏説として重視されたためであろうと思われる。雑密経典と称されるものは小部のものが大半で、これは一般大乗経典の「陀羅尼品」とか一部で説かれていた神呪が、一経の教説として独立した態にある。そのばあい、『持句神呪経』のように、まったく本来の守護呪の内容しかもたないものも多数あるが、仏説として独立した大乗経典であるからには、とうぜん仏の諸功徳も説かれるはずであり、小部の神呪経典では、それが神呪の内容のなかに加えられていったと推定できるのである。仏の諸功徳としては、十力、四無所畏、十八不共法などが考えられるが、それと並行してダーラニーや神通も含まれてよいはずである。多くの陀羅尼神呪経典の神呪に仏の諸功徳が含まれ、作仏を目的として有するにいたるのはこのためで、それは仏説としての神呪がとうぜんいきつく姿であったといえる。

ダーラニーと神呪との結びつきには、このほかにも、ダーラニーが『微密持経』や『華積陀羅尼神呪経』にみられるような念仏のための持句や、『般若経』をはじめとする諸経典に説かれる念法あるいは説法弁才のための四十二字門のような言語手段をもっていたことがあげられる。これらは、内容はともかく言語的には神呪と同じ性質のもので、何らかの理由でひとたび神呪と同化してしまえば、まったく互いの見分けがつかなくなる。このようにダーラニーと神呪にはあまりにも同化結合の要素がつよく、またのちにはじっさいに同化されてしまったため、従来ダーラニーと神呪とは同一視されて、念仏・念法としてのダーラニーのもつ意味は深く追求されなかった。しかしダーラニーはこれまでの考察で明らかなように、その基本的性格は念仏三昧であり、これから宿住智をはじめとする神通とか説法弁才の無碍智のごとき仏の諸功徳が派生し、さらに見仏をとおして作仏・正覚を予想するものとなる㉓。

大乗を代表する『般若経』の基本精神は、般若波羅蜜の実践をとおして、それが過去・現在・未来の諸仏によって確認される般若の真理の永遠性であるといわれる㉔。ダーラニーは、また、この精神によく合致する。なぜなら、ダーラニーはその念仏の性格にもとづき、過現未の諸仏を合せ体現し、それら諸仏の諸功徳を一身にあつめるものであるからである。このためであろう、初期の『般若経』においてダーラニーの意義が認められ、その地位が確立されるや、大乗経典でこれを説かないものはないほど重視されるにいたるのである。

六

ダーラニーと神呪とが同化する過渡期の神呪経典の一つに、東晋失訳の『七仏八菩薩所説大陀羅尼神呪経』がある。ここには、過去七仏と八菩薩それぞれ別個に、呪文と礼仏作法およびその功徳がのべられている。[25] そのうちの第五跋陀和菩薩（bhadrapāla-b.）の陀羅尼は、地・水・風・火の諸大を変作して、それぞれ水・地・火・風相に変えるほどの威力をもち、三界の衆生の宿業や罪垢を清め、そのことごとくに無上菩提心をおこさせるとつぎのようにのべる。[26]

此呪能令下地作二水相一水作二地相一、風作二火相一火作中風相上、……（中略）……有二諸衆生一為二宿業罪垢纒裹縛束一、在二三界獄一無二復出要一、我時当丁以二智慧火及禅定水一、焼燃洗浄令レ出二三界一、以二薩婆若膏一漬潤令レ湿、令レ生二法芽一、抜二其毒鏃一、咸使丙令発乙無上菩提心甲。

さらに、諸々の衆生がダーラニー（総持）や智慧を求め、十方の諸仏を見ようと欲すれば、まさにこの陀羅尼を書写・読誦・修行すべきであるとしている。

若諸衆生於二現身一欲レ求二所願一者、欲レ求二尊貴一欲レ求二聡明一、欲レ求二総持一欲レ求二智慧一、欲レ求下見二十方諸仏一、面対共語得上レ受二記別一、……（中略）……当レ書二写読三誦修四行此陀羅尼一。

また第六の大勢至菩薩（mahāsthāmaprāpta-b.）の陀羅尼は、四百四病や破戒の罪などを消すと同時に、もし行人にしてダーラニー（総持）や四無碍智をはじめ、仏の十力等の諸功徳ないし仏の正位をえんと欲すれば、この陀羅尼を書写し読誦し修行すべきである、云々という。[27]

有二諸行人一書二写読三誦此陀羅尼句一、現在身中四百四病、破戒五逆及障道罪、宿世微殃悉皆消滅無レ有二遺余一、……（中略）……欲レ得二聞持旋持総持一、欲レ得二四弁説法無礙一、欲レ得二仏十力四無所畏一、欲下得レ修二仏三十二相八十種好一速得中成弁上、欲下得二金剛三昧一超二過十地一入中仏正位上、応当レ書二写読三誦修四行此陀羅尼一。

さきでは、三界の罪垢をきよめ、病気を平癒する陀羅尼が同時に見仏を目的とし、それを書写し読誦したりすることによって仏智にいたることができるとする。神呪を陀羅尼と呼ぶが、憶持のダーラニーは総持と訳され、同じダーラニー（dhāraṇī）が内容によって区別されている。原典が失われている以上確かめようがないが、陀羅尼句は「dhāraṇī-pada *or* mantra-pada」などとなっていたものと思われる。しかしたんに「陀羅尼」とあるのは、「総持」か「陀羅尼句」か判定が困難である。この陀羅尼は、神呪とダーラニーとの区別が定かでなくなった時代の思想を反映している。それというのも、右では経典自身において、すでにダーラニーと神呪とが未分になっている点が認められるからである。神呪を陀羅尼と訳したために、憶持・見仏のダーラニーを総持と訳している。このような例は、他の訳経中にもしばしば見受けられる、五世紀の訳経にもなると、一部ではダーラニーと神呪との区別がうすれてきていることが考えられる。

このように時代が下ると、経典自身のなかでも陀羅尼と神呪の区別が不明瞭になってくる。梁代失訳の『虚空蔵菩薩七仏陀羅尼経』も、過去七仏の陀羅尼神呪とその功徳を賛美するが、その神呪は過去仏の所説であると同時に、現在・未来の諸仏の説くところでもあるといって、神呪の法爾不変性を強調している。したがって、この神呪の功徳中には、神呪の読誦によって過去仏を現在まのあたりに知見するという見仏を織りこんでいるわけであるが、その見仏がはたしてダーラニーと関係しているかどうかは、ほとんどこの経の説相からは知られない。ただ最初の毘婆尸仏（Vipaśyin）の功徳のなかに、[28]

若受二持是呪一者、令二人寿命延長一、所レ有習誦一間領悟終不二忘失一、昼夜恒見二仏像一。

とあり、ここでの見仏（見仏像）がわずかに聞持不忘のダーラニーとの関係を暗示するのみである。他の個所にも陀羅尼または総持の語はみられないが、同経の異訳である隋代闍那崛多訳『如来方便善巧呪経』には、第六拘婁孫仏

(krakucchanda) の神呪の功徳のなかに、[29]

若能如レ是常誦持者、於ニ現身中一離レ於ニ一切種種病苦一、得ニ陀羅尼一聞持不レ忘。

とあり、ここでは明らかに憶持のダーラニーが説かれている。しかしこの部分に相当する記述を『虚空蔵菩薩七仏陀羅尼経』の拘婁孫仏の功徳に求めてもえられないから、はたして原典に存在したかどうか詳らかではない。闍那崛多には『大法炬陀羅尼経』（二十巻）や『大威徳陀羅尼経』（二十巻）のような大部の陀羅尼経典の訳出があり、陀羅尼には深い見識と関心をもっていたことが窺えるから、原典にない陀羅尼の語を補ないうる立場にあったとみてよいからである。いちおうはそのことも疑ってみなければならないが、私見ではやはり原典にも聞持ダーラニー（dhāraṇa-dhāraṇī）のごとき言葉があって、一方ではそれが訳されたけれども、他方では何らかの理由で見落されたと考えたい。何らかの理由とは、六世紀後半の闍那崛多の時代には、聞持ダーラニーの意味や思想が見失われつつあったということである。

七

闍那崛多訳の『大法炬陀羅尼経』と『大威徳陀羅尼経』は、ともに陀羅尼にもとづいて大乗の諸教説を総括する大部の経典であるが、実はこの二経ともダーラニーと神呪の区別がはなはだ不明瞭である。『大法炬陀羅尼経』では、「大法炬陀羅尼」が無量の大乗経典の句義を総摂する「陀羅尼一句法門」であり、「陀羅尼根本一句」であるから、[30]この陀羅尼は一字一句で大乗の無量義を含むものである。つまり大乗経典のエッセンスと考えられているわけである。じっさいにこの陀羅尼はどのようなものであるかというと、たとえば、「伏魔品」第二に説かれる法句としての神呪がそれにあたるようである。[31]すなわち陀羅尼はここでは完全に神呪化している。しかし聞法憶持としてのダーラニー本来の意味もわずかに残っていて、同じ「伏魔品」に過去の放光仏の所説として、この陀羅尼門およびその句義を説くのは、未来の諸比丘をして仏の所説を聞いて疑惑を生ぜしめないためである、と説かれている。また一切衆生に尊敬や護持の念をおこさせる多聞をもって仏法を成熟させ、ついに阿耨多羅三藐三菩提を速証させる云々、とも説かれている。(32)

惟願世尊、演二説如レ是陀羅尼門及其句義一、令下彼未来諸比丘等、聞二仏所説一不レ生二疑惑一、解二其義趣一如レ法修行猶中仏在世上、如レ是説故、復令下一切諸衆生等得中与二供養恭敬尊重讃誦護持一、亦令下一切沙門婆羅門若天若人及阿修羅等、即能尊重一心供養、於二一切多聞中一発二勤方便一、以二多聞一故、於二仏法中一便得二成熟一、既成熟已、便能速中証阿耨多羅三藐三菩提上。

同じことは『大威徳陀羅尼経』についてもいえる。ここでは、「大威徳陀羅尼」は「修多羅句陀羅尼法本」といわれ、「修多羅文字句中所繫属」とされているから、(33)これも大乗経典のエッセンスすなわち真言と考えられているわけである。そのことは、この陀羅尼が同時に「大神呪」であるといわれていることでもわかる。しかしこの陀羅尼にも、本来の聞持不忘の精神が予想されないわけではない。そのことは、随所に多聞不忘の智慧とか弁才が陀羅尼の功徳中によみこまれているからである。

ダーラニーは、もともと聞いたことはすべて忘れしめないという無限の法の憶持力を指すものであり、それは昼夜にたえず念仏三昧を行うことによって可能であるような、きびしい修練を必要とするものである。その無限の憶持力は、同時に説法弁才の強力なエネルギー源であったから、大乗の法師をして無限の説法を可能にさせるものであった。しかし抜群の記憶力とか多弁とかの能力は、一般のよくすることではない。そのような能力は、一部のごくかぎられた法師にのみ可能な特殊な能力であったから、代役もきかず、時代とともにその精神はだんだんうすれていったことが考えられる。その結果一字一句の真言に無量の義を含ませて、それを受持し読誦したりすることで、ダーラニーにかわる功徳がえられるという考えに発展したものであろう。右の二経の陀羅尼は、そういう思想のなかから生まれたものと思われる。それは特殊なダーラニーの一般化であると同時に、もともと複合的な性格のつよいダーラニーを吸収した真言神呪の複雑性を、いっそうますことになった。さきにも一言したように、その複雑化した雑密の真言神呪を整理・組織する方向と役割をもって登場するのが純密経典であったといえる。

上来の考察で、六世紀以前の雑密経典の陀羅尼と神呪はもともと別説されていて、前者は念仏にもとづく見仏ないし正覚を目的とし、後者は除災招福の現世利益を目的とするものであったことと、のちにこの両者は種々の理由で同化したことを論じた。そしてその結果、同化したがゆえに、のちの陀羅尼神呪はダーラニーのもっていた作仏正覚の内容と目的を合せもつ複合的な性格を帯びるにいたったことを検討した。七世紀以降の純密経典になると、複雑な陀羅尼が整理されて『大日経疏』の解説にみられるとおり、種々の陀羅尼が如来・菩薩・二乗・諸天・地居天などに分類整備されていく。さらに組織化が進むと、同じ仏・菩薩が胎蔵系では仏・蓮華・金剛の三部に、金剛界系では仏・蓮華・金剛・宝・羯摩の五部に分類され、仏や菩薩の部族とそれに従属する諸天の部族などがきめられていく。このような組織や分類化は、密教に特有な曼荼羅の理念の展開と関係がある。すなわち真言の整理とそれにともなう諸仏・菩薩の部族別の分類は、まったく曼荼羅の教義の発展と軌を一にして進行したと考えられる。雑密における複雑かつ未組織な陀羅尼が、純密の曼荼羅のなかに組織化されて再現されていくわけであるが、それと同時に真言の教義も発展して、如来説の真言は、法身大日如来の法爾の真言と考えられるにいたった。さらに菩薩や衆生が唱える真言も大日如来の加持力により、金剛法界宮の曼荼羅の世界に映しだされて口密の真言となる。ここにおいて、雑密の口業の真言（神呪）は、すべて第一義的には即身成仏実現の口密の真言とみられるにいたるのである。

八

このように、純密の真言は、組織化と同時に即身成仏の教義にそった法爾の真言に深められていくわけであるが、そのような教義化された純密の真言の理解にまで、いまは立ち入ることはできない。ここに与えられた課題は初期密教すなわち雑密における解脱観であって、純密において教義的に理念化された真言を考察することは、課題の範囲を越えるためである。しかしこれまでの考察で知られるように、成仏の理念を有する純密の真言は、それ以前の雑密の神呪の長い歴史のなかで徐々に理念化への準備が整えられていた。密教の解脱観の特色は、口密の真言の発声と同時に諸仏が発生し、ただちに曼荼羅の世界に溶けこみ、我と本尊の入我我入が実現することにある。そのとき三密成仏が完成する。もとより真言の発声にいたるまでの、真言行者の機根など種々の条件が必要であるが、ひとたび真言が発声されれば、ただちに自身が如来に加持されて曼荼羅中に即身成仏できるとするのが、密教の解脱観の基本である。口密の真言の発声は、もはや手段ではなくただちに目的であると考えなければならない。しかし、真言と曼荼羅とを対比すれば、真言は成仏の手段であり、曼荼羅はその実現すなわち目的であると考えられる。この真言と曼荼羅の関係を雑密に適用すると、それは神呪とダーラニーとの関係に相当する。そのため、理論的には、雑密の神呪はダーラニーをまってはじめてその目的が具現化するわけである。その本来の目的とは成仏であり、解脱であるが、ダーラニはそれにこたえる内容を有していた。上来明らかなごとく、ダーラニーは念仏にもとづく作仏を目的とするものであったからである。一方神呪は本来的には守護呪であり、除災招福を目的とするものであったが、ダーラニー作仏をよみこんで、その除災(招福)は業障からの解脱へと質的な変化をみたのである。

ダーラニーと神呪との結びつきについては、いまだに不明な点があり、解明されなければならない諸問題が残されている。しかしわたくしは、この両者の同化は大乗の神呪のとうぜんいたるべき姿であったと考えたい。現世利益の守護呪といえども、すべて諸仏の護念のなかで唱えられ実践されていたわけであるから、それによって災害や苦難から身の安全が保証されるということは、そのまま無上菩提への道を約束されるということであった。このように考えると、大乗・雑密の神呪も基本的には純密の真言と質的な差異はない。純密の真言も現世利益の真言であると同時に、如来の加持力（加護力）によって成仏の真言ともなるからである。ただしかし、雑密の神呪から純密の真言にいたる長い道程を一気に飛躍することはできないから、そのあいだの間隙を埋めるのが神呪とダーラニーの同化であると考えるのが、もっとも自然であると思われる。

ダーラニーは神呪と同化することによって神呪の内容を深めたが、自らはその意義をだんだん弱めていったようである。そのことは、純密経典中にダーラニーの教説はほとんど現れていないことでもわかる。おそらくそのためでもあろう、ダーラニーは、これまで神呪と同化した一面しかみられなかった傾向を否定できない。初期大乗のダーラニーの教説にしても、憶持不忘の総持がわずかに注意されるのみで、見仏・作仏を理想とするダーラニーにはほとんど関心がもたれなかった。しかし、ダーラニーは大乗の初期から無生法忍などの重要な思想と深いかかわりをもっていて、それが大乗の形成と発展にはたした役割は大きい。ダーラニーの性格を神呪に限定して考えると、ダーラニーの大乗の形成にはたした役割や意義を見失うおそれがある。見仏と関係するダーラニーの基本的な意義の一つは、過去・現在・未来の諸仏が大乗の真理の確認のために一処に会すという、いわば大乗の不変性をダーラニーが象徴していることである。そのことは小品系の『般若経』に数度現れるダーラニーが、般若波羅蜜の永遠性を意義づける場面に用いられていることや[34]、同じく般若波羅蜜の確信を証明する無生法忍にかわって、ダーラニーがその役目をになって登場した事実にも表われている[35]。

ダーラニーがなぜそのような意味をになうかといえば、それは憶持不忘の性質がもつ歴史性にある。ダーラニーはいま聞いたことを忘れずに未来に持続すると同時に、過去に聞いたことも忘れずに心に留めている通常の精神現象以上の能力を指す。それは般若の憶持力といってもよいかもしれない。般若波羅蜜の大乗の真理は、現在はじめて説きだされるものではない。真理である以上、過去にも説かれていたし、未来にもまた説かれるであろう。この真理を確信する不退の菩薩は、この不変的な般若波羅蜜を過去にも聞いていて心に留めていたればこそ、最初から迷わず疑わず退かないのである。ダーラニーが、不退の菩薩の要件として重視されるゆえんはここにある。

九

雑密の陀羅尼は非常に複雑な内容をもっているが、憶持・念仏のダーラニーをよみこんでいるがゆえに純密の成仏の陀羅尼に発展する。また雑密の陀羅尼は現世利益一色にぬりつぶされている観があるが、注意してみると、大半は大乗の理念を受けついでそれを純密へ引き継ぐ役割をはたしている。そこに雑密の歴史的な位置づけをみることができる。

このように、雑密は大乗と純密との橋渡しの歴史的使命をになっていた。しかしそれは、純密を予想するばあいにそういえるのであって、神呪経典といえども一般大乗にない特殊な要素はなく、大乗経典から雑密を殊別する方法は存在しない。これは一般大乗で説かれる神呪を雑密の神呪とくらべてみるとすぐわかることで、両者の間に質的な差異は認められない。本章第二節以下で明らかなとおり、雑密の神呪には二種類あり、ひとつは現世利益のみを目的とするものともうひとつはそれに作仏の理念をよみこんだものとである。この二種の神呪の区別は、そのまま大乗経典の神呪にも適用される。その顕著な事例を『大集経』にもとめることができる。『大集経』(六十巻)は大乗の一大叢書で、多くの教説のなかにダーラニーや神呪も少なからず説かれている。しかもこの経には、憶持不忘のダーラニーと守護呪の神呪とさらに両者が合体した陀羅尼神呪の諸異相が、かなりの程度浮き彫りにされている。そしてそのそれぞれの内容の相違は、そのまま『大集経』全六十巻の時代的な変遷を反映しているものと受けとれる。そこで最後に『大集経』のそのような種々の陀羅尼説を概観して、雑密経典の調査の結果と比較しておきたい。結論をさきにいうと、『大集経』のダーラニーおよび神呪の教説と雑密のそれとは、内容も一致するし、変遷の諸相も彼此対応している。

『大集経』（六十巻）のなかでも、初期の成立とみられる経の前半部分に説かれるダーラニーは、同じく前半中に説かれる守護呪や経の後半部分に説かれる陀羅尼呪とは別のものであり、経説の憶持・弁才のダーラニーであるということをかって論じた。[36] この憶持・弁才のダーラニーは、主に第二品の「陀羅尼自在王菩薩品」に八陀羅尼説を中心に展開されている。このダーラニーを菩薩行としてみれば、まず仏の教説を聞持して衆生にそれを説き示し、もって正覚に向わせるという性格を有している。したがってこのダーラニー説の説者は陀羅尼自在王菩薩であるが、その教説は八陀羅尼に先立つ三十二の仏業と深く関係している。この憶持のダーラニー説は、「陀羅尼自在王菩薩品」にかぎらず、前半の他の諸品にも共通してみられる。すなわち第二品のダーラニーと同じものが、第三「宝女品」、第五「海慧菩薩品」、第八「虚空蔵品」、第十二「無尽意菩薩品」などに、それぞれの菩薩の名前と性格に呼応して説かれている。これにたいして、これらの各品に出る守護呪にはダーラニーをそのなかに含んでいない。たとえば、「海慧菩薩品」に説かれる神呪は、経巻を受持し読誦する者（法師）を擁護するために四天王を招く「招請句」であって、それ以外の意味をもっていない。[37] ここではダーラニーは、法師がその体現者ということでわずかに予想されているにすぎない。

ところが主に『大集経』の後半部分で説かれる神呪や、前半三十巻のなかでも後代の成立と思われる部分に説かれる神呪は、守護呪としての性格と合せて正覚を目的として有している。その一例をあげると、第九品の「宝幢分」に説かれる「宝幢陀羅尼」（ratnaketu-dhāraṇī）は、国土の安隠、疫病の平癒、災害の除去、五穀の豊熟、鬼神・悪獣の回避などの除災招福と合せて、女身の転成男子および無上正等覚の獲得を保証するものである。[38] 同じ事例は第十品の「日蔵分」の「日眼蓮華陀羅尼」（sūryābhāsapadma-dhā.）の功徳などにも認められる。[39]

このような複雑な内容を有する陀羅尼神呪の背景には、長い期間多くの大乗教徒が『大集経』に託したさまざまな願いや喜びがこめられているように思われる。そして大乗教徒である以上、その願いや喜びは究極的には現在仏にまみえ、直接その教えを聞き、もって無上菩提（解脱）への道を確信することであった。『大集経』所説のダーラニーは、じつによくこの精神と付合するものである。

ダーラニーの主要な教説として有名な「陀羅尼自在王菩薩品」の八陀羅尼は、教法の憶持と弁才をその基本的な性格としている。それでは、この各ダーラニーがどうして正覚の内容をもちうるかを考えると、このダーラニーの教説はこれに先立つ三十二の仏業の一環として説述されている。その仏業とは十力、四無所畏、十八不共法として語られるものであり、これらとダーラニーとの関係は、第三「宝女品」の十八不共法のそれぞれにダーラニーが織りこんで説明されていく事情にみいだす。そのうち第一身無失、第二口無失、第三念無失の一部をとりだすとつぎのようにいわれている。(40)

若有㆓問事㆒分別解説、靡㆑不㆓通達㆒普悉照曜、善修㆓三昧㆒善能暁了、咸入㆓一切声音総持㆒、常歎㆓如来無缺之辞㆒而説㆓経法㆒、皆於㆓文字㆒而無㆓所造㆒、是為㆓宝女如来第一不共之法㆒。

一切の問者に記を授けて、かれらに疑問をなくさせ、普光明三昧をよく修しているため入一切音声ダーラニーを理解する者は、つねに絶え間なく如来無過誤の語句をもって法を説く。宝女よ、すべてにわたって〔疑問を〕解消するこの授記が、仏・如来の不共法の第一である。

善修㆓三昧㆒分㆓別暁㆔了無量之行総持之門㆒、則於㆓如来一切順節諸相具足、及一切好一切毛孔㆒、演㆓出無量不可思議仏法音声㆒、能以㆓一毛㆒所㆑暢㆓音声㆒、悉叙悦㆓可諸会人心㆒、講㆓説無量諸法之門㆒、音自然出、乃是往古本願所㆑建勢力所㆑致如来干㆑彼無㆑有㆓思想㆒、而常寂然無㆑所㆓業求㆒、是為㆓如来第二不共諸仏之法㆒。

神変王三昧をよく修し、無辺門成就ダーラニーを理解する者は、如来の一切の住所と一切の相と一切の相好と一切の毛孔とから、不可思議微妙の仏法音を出す。一音声をもってさえ、一切集会の心を楽しませる無量の法門を説き出し、過去の本願の加護と智慧の力によりつつ、そこで如来は無分別となり捨を無功用に行ず。宝女よ、これが仏・如来の第二の不共法である。

於二一切法一而得二自在一、善修二三昧一分二別暁三了法錠総持一、又如来尊悉念二諸法一未レ嘗二忘失一、彼時則以二来会之行一、察二観一切衆生之類心意所レ念、欲二来問事一、如来悉了不二復思念一、若有二問者一而解二説之一、如レ是所レ言心根明達無レ所二罣礙一、皆能善説悦二衆人意一、以二一文字二一時須臾而悉周至、是為二如来第三不共之法一。

一切法に自在となる三昧をよく修し、法灯ダーラニーを理解する者は、つねにいつも如来無失念の法を有す。かりに一切衆生が一劫のあいだ考えて、前後の見境もなく異なる質問を如来にしても、如来はそれを解説する。如来は説こうと考えず、分別せずとも、つねに正確に憶念の力によって一度に瞬時によく説明して衆生を喜ばす。これが宝女よ、仏・如来の第三の不共法である。

これをみてもわかるように、如来の不共法とは、如来のみに具わるすぐれた能力であり徳性であることは自明であるが、それが仏業としてもつ意味は、あくまで衆生を摂取利益せしめるところにある。そしてその衆生の摂取とは、きわまるところ衆生に如来の智慧をえさせ、解脱せしめることを目的とする。そのことの一端は、「陀羅尼自在王菩薩品」の十八不共法中の慧無減に、「如来には〔智慧が〕無減であり完全無欠であるとおりに、そのとおりに一切衆生もまた智慧無尽とさせんがために法を説く。これが仏・如来の二十五番目の業である」とされ、つづく解脱無減では、「如来が現等覚するとおりに、そのとおりに如来は他の衆生や人々に法を説く。これが仏・如来の二十六番目の業である」と説かれていることから理解される。[41]

十

このようなダーラニーと如来の不共法との関係が、『大集経』ののちの陀羅尼神呪にももちこまれたために、神呪が先述のごとき豊富な内容をもつにいたったと推定される。その推定を支えるものとして、『大集経』第十一品の「虚空目分」に出る法目などの諸種の陀羅尼門をあげることができる。この法目陀羅尼とは、神呪であると同時に所聞不忘のダーラニーの性格をも具えており、これによって一切の煩悩を乾かし、諸々の鬼神・鳥獣などを調し、如来の十八不共法をえしめるものである、云々と説く。[42] この「虚空目分」は、相当するチベット訳もなく、前半の三十巻のなかでは異質の品と考えられるものである。しかし異質であるだけに、いっそう、『大集経』全体のなかで、この品にあって他とも共通する要素は何かを考えてみる必要がある。この品が他の品とも共通する要素といえば、それは明らかに陀羅尼であるといってよい。右の法目陀羅尼が神呪であるにもかかわらず、憶持のダーラニーの性格をもち、如来の不共法の獲得を目的とするのは、第二、第三品の「陀羅尼自在王菩薩品」と「宝女品」のダーラニー説を予想しなければ理解できないからである。

以上きわめておおざっぱな把握ではあるが、『大集経』の前半の各品に説かれるような憶持のダーラニーが、後半の各品の神呪の功徳中にも影響をおよぼしたために、当初まったく守護呪としての性格しかもたなかった神呪が、のちには正覚・解脱をも可能にする内容に変質したと推定しうる。

『大集経』は陀羅尼および神呪を説くといっても、これを雑密経典と同列に扱うことはできないかもしれない。しかしわたくしは、もし一般の大乗経典の「陀羅尼品」を密教経典と呼ばないならば、それとまったく同じ理由で大半の雑密経典を密教経典とは呼べないと思う。上来雑密経典と『大集経』の各品に説かれる陀羅尼および神呪を中心として、そこに展開されている解脱観をみてきたが、いずれのばあいも多少力点の相違はあるとはいえ、究極的には如来の護念にもとづく衆生の解脱を目的としている。神呪といえども仏説として除災が願われる以上、そこでは菩提への道をも保証されているに違いないからである。ただ陀羅尼と神呪とを比較すると、もともと神呪の功徳は、仏業としての陀羅尼の一効用と考えられる。本来、念仏・念法としての陀羅尼は諸仏の護念の当体であり、その延長に神呪を包摂するものであろうからである。

注

① 作壇・結界・マンダラの原意は同じで、本来は一定の土地を結界し、土を清浄にして、その上に土壇を作り、土壇の上に尊形を画いたものが壇であり、マンダラ(maṇḍala)である。平川彰『インド仏教史』下(一九七九年)、三三八―三三九頁。壇は道場を意味し、それをマンダラとも称する事例は唐那提訳の『師子荘厳王菩薩請問経』にある(大正蔵一四巻、六九七頁下)。また結界は戒壇(sīmā)と同意であり、『摩訶僧祇律』第十六ではそれを満陀邏といっている(大正蔵二二、三五九頁上)。栂尾祥雲『曼荼羅の研究』(一九二七年)三頁参照。このように雑密で説かれる未組織のマンダラや作壇は、とくに一般仏教より殊別された教説とはいえない。観法や修法にしても、観仏・供養法など簡単なものは大乗経典中にも説かれている。したがってこれなども密教経典にかぎられるというわけではない。印契も同様である。

② 松長有慶『密教の歴史』(一九六九年)、六一頁参照。

③ 同右六一頁。三崎良周「純密と雑密」印仏研一五―二(一九六七年)、六二頁参照。

④ 大正蔵一八巻、七八六頁下。同七八七頁下。

⑤ 松長有慶、前掲書、五四頁。

⑥ 松長有慶博士は『大日経』『金剛頂経』などの中期密教(純密)とそれ以前の初期密教(雑密)の相違点を五つあげておられる。それによると、一、陀羅尼神呪の目的が成仏を主目的とする。二、印契、陀羅尼、観法の結合にみる修法の組織化、三、中観・唯識などの大乗思想の儀軌化、四、マンダラの整理・体系化、五、教主が大日如来、である。これらはいずれも純密には必須の条件であるが、一つにまとめるとすれば、四のマンダラに集約できると思われる。そのマンダラも注①で記したように、未組織で素朴なものは雑密経典にも説かれているし、大乗経典にも認められる。純密を代表するようなマンダラとは、右の五つの条件をすべてみたす総合的な意味のマンダラを指す。雑密経典中にこの条件をすべて整えるものはみあたらないが、これに準じるものとしては六世紀の菩提流支訳の『不空羂索神変真言経』や七世紀の阿地瞿多訳の『陀羅尼集経』などごく少数である。なお四世紀頃に成立したとみられる『金光明経』には胎蔵の四仏や四天王および弁才天の呪法・供養を説くなど密教的な特色が顕著であり、この経を純密経典とする学者がいたほどである。渡辺海旭「純密経としての金光明経」『壺月全集』上(一九三三年)、七二八頁以下参照。仏教の中の密教の特質を論じた最近の研究として松長有慶「密教の特質」仏教学セミナー三一号(一九八〇年)、四二頁以下参照。

⑦ 善無畏述、一行記『大毘盧遮那成仏経疏』第七、大正蔵三九巻、六四九頁上〜中。

⑧ 松長有慶『密教経典成立史論』(一九八〇年)、一一〇〜一一一頁。

⑨ 松長博士の調査によれば、玄奘訳の『不空羂索神呪経』をはじめとする密教経典は、呪のみ説く『呪五首』一巻を除く他の九種の経典が、いずれも陀羅尼読誦の功徳として無上正等菩提の獲得に必ず言及している。しかも玄奘訳以外の異訳の諸本には無上正等菩提について関説していないにもかかわらず、玄奘訳のみのそれについてみられる場合が多いとされる。『密教経典成立史論』一〇七頁、また智通訳では『千眼千臂観世音菩薩陀羅尼神呪経』の陀羅尼の法門中に正覚を得ることが説かれ(大正蔵二〇巻八四〜八七各頁、九三頁中)、菩提流支訳では『千手千眼観世音菩薩姥陀羅尼身経』の除災の記述中(同九六頁下、九九頁中、一〇二頁下)に菩提を得ることへの言及がみられる、とされている。同書一〇五頁。

⑩ 大正蔵一九巻、六八〇頁中〜下。本書一一八—一一九頁参照。

⑪ たとえば『出生無辺門陀羅尼経』およびそのチベット訳では完全に神呪化している。大正蔵一九巻、六七六頁中〜下。堀内寛仁「西蔵訳出生無辺門陀羅尼経及び広釈和訳」二、密教文化七九(一九六七年)、六四〜六五頁参照。

⑫ 大正蔵一九巻、六八一頁下。同六八四頁上(東晋訳)。チベット訳では「業障が速やかに浄まること」となっている。同右「西蔵訳出生無辺門陀羅尼経及び広釈」五、密教文化八三(一九六八年)、五四頁参照。

⑬ 大正蔵一九巻、六八一頁下〜六八二頁上。他の支謙訳の『菩薩生地経』や『老女人経』などにも、無量寿仏とその仏国土について記されている。藤田宏達『原始浄土思想の研究』(一九八一年)、一四一頁参照。

⑭ 大正蔵一四巻、七二頁下。

⑮ 本書八九頁参照。

⑯ 大正蔵二一巻、八七五頁上。

⑰ 北京版七巻、二四一頁〜三—四〜八。大正蔵二一巻、八七五頁上。

⑱ 同右二四一頁四—二〜四。大正蔵二一巻、八七五頁上。

⑲ 大正蔵二一巻、八六四頁下〜八六五頁上。この経は法経の『衆経目録』第四に偽妄経典として録されている。大正蔵五五巻、一三八頁中。

⑳ 同右二一巻、九一一頁下。

㉑ この他に竺律炎と支謙が共訳したとされる『摩登伽経』にも、外道の呪とともに仏陀が説いた呪が二つみられる。大正蔵二一巻、四〇〇頁中〜下。松長有慶『密教経典成立史論』一〇一頁参照。この呪の一つは仏陀が阿難を栴陀羅女の恋心から救う

ための護呪であり、他の一つも衆生の災患を除き、利益をもたらす除災招福の神呪である。この経も支謙訳が疑われているが、竺法護訳に『舎頭諫太子二十八宿経』がある。インドでは三世紀末までには成立していたとみなされる。平川彰、前掲書、三三五頁。

㉒ 本書一三九頁以下。

㉓ 四世紀の初め、仏陀跋陀羅によって訳された『観仏三昧海経』は、仏像を頂上より足下まで観ずる順観、およびその逆を観ずる逆観の観仏法を、塗地、香華、供養、五体投地の前作法とともに説いた注目すべき儀軌であるとされる。松長有慶『密教経典成立史論』一一八頁。ところでここに説かれる観仏三昧とは「念仏三昧」であり、これによって仏を見、法を聞き、総持不失となることを凡夫念仏三昧と名づけると説く。そして念仏によって総持を得、捨身して他世に必ず見仏を得て、諸仏のもとで千万億旋陀羅尼を得、陀羅尼を得たあと八十億仏の各々が右手で行者の頂を摩し、汝は念仏のゆえに星宿劫を過ぎて仏となると約束したという。大正蔵一四巻、六九二頁下。ここでは、聞持不忘のダーラニーと念仏ないし見仏・作仏の密接不離の関係がきわめて明瞭に説示されている。なおこの経は念仏ないし見仏の内容として、東方阿閦、南方宝相、西方無量寿、北方微妙声の四仏を説き、それが金胎五仏のマンダラに発展する原初形態として注目される。同右『密教経典成立史論』一二二〜一二三頁参照。

㉔ 梶山雄一『般若経』(一九七六年)、八三〜八四頁。

㉕ 松長有慶『密教経典成立史論』九六〜九七頁。

㉖ 大正蔵二一巻、五三九頁下〜五四〇頁上。

㉗ 同右、五四〇頁上〜下。

㉘ 同右、五六一頁下。

㉙ 同右、五六六頁中。

㉚ 同右、六六二頁上〜中(此陀羅尼出生一切一切修多羅、一切章句、一切分別義、一切諸波羅蜜、故名為門)。同六六二頁下(此陀羅尼一法句中、総摂無量億数修多羅)。同六六三頁上(先説陀羅尼根本一句中則能出生無量億数修多羅)。

㉛ 同右、六六四頁中〜下。

㉜ 同右、六六四頁中。

㉝ 同右、七七四頁中。同七七五頁中。

㉞『小品般若経』でただ一度現れるダーラニー（陀羅尼）は、「薩陀波倫品」第二七に求道中のサダープラルディタ菩薩の守護者であり、善友であったダルモードガタ菩薩の威徳の一つとされている。『大正蔵』八巻、五八二頁上。梵文『八千頌般若経』(BST, No. 4) では二四四頁と二五二頁に二回出る。この他『道行般若経』の「曇無竭菩薩品」第二九に一度出る。大正蔵八巻、四七七上。

㉟本書五五頁。拙稿「般若経と文殊菩薩」密教文化一一五（一九七六年）、一六～一七頁参照。

㊱拙稿「大集経におけるダーラニー説」印仏研二六―二（一九七八年）、一〇四頁以下。

㊲本書一一一―一一二頁。

㊳大正蔵一三巻、一三三頁上～中。同五四三頁中～五四四頁中（宝星陀羅尼経）。*Ratnaketuparivarta*, ed. by Y. Kurumiya, 1978, p. 40-41.

㊴大正蔵一三巻、二四一頁中。北京版三六巻、一八四頁三～四。

㊵同右、三四頁中～下。同四六二頁下～四六三頁上（宝女所問経、本文の引用はこれを採用した）。北京版三三巻、二九七頁二～四。

㊶同右、二〇頁中。北京版三二巻、二九八頁四～五。

㊷同右、一五四頁下（以是法日陀羅尼……能作無量微妙大明能乾一切諸悪煩悩、能持一切所聞不忘、能浄一切心之垢汚、……受持聖法遠離諸病、所求之法如願即得、……諸悪鬼神鳥獣水虫、護持一切諸善根本、能得如来一切諸法、乃至能得十八不共）。つづく浄目、光目、聖目陀羅尼も同じ内容をもっている。同一五頁上～一五六頁中。

毘盧遮那仏の説法

一

ただ今長崎先生より御紹介いただきましたなかにチベット仏教文化の調査が含まれておりましたが、本日えらばせていただいた「毘盧遮那仏の説法」の題もそれと関係しております。実は昨年（一九八三）、私どもはインドのヒマチャルプラデーシュ州のスピティ地区へ参りましたが、そこのタボ寺という十一世紀のリンチェンサンポが創建したと伝えられる寺を訪れました際、本堂の大日堂内に金剛界立体尊マンダラの主尊に珍しい四面四体の毘盧遮那像がまつられてありました。立体尊というのは塑造の坐像でありますが、毘盧遮那を除く三十二体が堂内の目の上の壁に主尊の毘盧遮那をとり囲むように取りつけられています。これらの各尊で構成されているものは、疑いもなく金剛界成身会の三十七尊からなる標準的な金剛界曼荼羅です（正確にいえば右の三十三尊は五仏、四波羅蜜菩薩、十六大菩薩、内供養菩薩、外供養菩薩、四摂菩薩のうちから四波羅蜜菩薩を除く）。三十三尊では四波羅蜜菩薩を欠くわけですが、あとでこれら四尊は金剛杵、宝、蓮華、羯磨杵の三昧耶形で各尊のうしろの壁面に描かれていることがわかりました（塚本隊員の報告）。四波羅蜜は『初会金剛頂経』にもいまだ三形（印）でしか表現されず、人格化されていません（堀内寛仁『初会金剛頂経の研究』参照）。したがって、三十三尊プラス三形の四波羅蜜の構成は、きわめて伝統的な瑜伽部密教の金剛界曼荼羅であることがわかりました。

そこでそれでは、主尊の毘盧遮那仏が転法輪印（説法印）をむすんでいることの説明をどうつけるかという問題があります。瑜伽部密教の毘盧遮那は日本でもそうですが、智拳印（bodhyagri-mudrā）をとっています。有名なラダックのアルチ寺の金剛界曼荼羅の毘盧遮那尊がこの智拳印であることから、わが国に伝わった金剛界曼荼羅との同質性がにわかにクローズアップされました。しかしラダックやネパールなどのチベット寺院には、金剛界五仏の中尊毘盧遮那は転法輪印をとるものが多く、これはのちの無上瑜伽部の密教の毘盧遮那であり、その印相は bodhyagrī の覚勝印（智拳印）ではなく、bodhyaṅgī の覚支印（転法輪印）であるとされています。この見解にしたがえば、タボ寺の毘盧遮那も無上瑜伽部の密教の毘盧遮那となり、三十三尊で構成する金剛界曼荼羅も瑜伽部密教の正規の曼荼羅とはいえなくなってしまいます。

これについて帰国してからいろいろ調べましたところ、覚支印の典拠となっているアドヴァヤヴァジラの『パンチャーカーラ』などの bodhyaṅgī は、写本ではすべて bodhyagrī と読まれることがわかりました。またそのチベット訳はすべて byaṅ chub mchog (bodhyagrī) となっています。これにより、bodhyaṅgī の覚支印は梵文校訂者の写誤による実在しない印であり、そこでこれをもとにした転法輪印の毘盧遮那が無上瑜伽部の毘盧遮那であるという見解は訂正されるべきと考えます。

私見では、毘盧遮那の転法輪印の典拠は『悪趣清浄軌』の中尊釈迦牟尼の転法輪印（dharmacakra-mudrā）にあると考えます（この儀軌は『初会金剛頂経』の釈タントラであり、これにもとづく曼荼羅も金剛界曼荼羅とは密接な関係がある。詳細は第四回高野山大学チベット仏教文化調査団報告書の拙稿参照）。じじつ『悪趣清浄軌』の釈迦牟尼（転法輪印）を毘盧遮那と同一視する考えは、『ニシュパンナヨーガーヴァリー』にもはっきり示されていて、学者もそれに同調しています（B・バッタチャリア氏など）。

毘盧遮那の印相に少しこだわりすぎたかもしれませんが、毘盧遮那が転法輪印をとる、つまり釈迦牟尼と同一視されるということは、『華厳経』や『金剛頂経』などの経軌に照らしても自明のことであります。じっさいの作例でも、毘盧遮那（盧舎那）仏は昔から転法輪印かまたはその変型をとっていることは、ジャワのボロブドゥールの毘盧遮那像や、わが国では東大寺、唐招提寺の盧舎那像に見られるとおりです。むしろ瑜伽部系密教の智拳印の毘盧遮那像こそ特殊な尊容であるといえそうです。経典（『真実摂経』）には、この印は「仏陀のさとりを与える印」と説明されている。つまり仏陀その人でいえば、菩提樹下でいままさにさとりを開かれたその境地を示す印といえます。ふつう仏陀の印といえば転法輪印とか、降魔成道の触地印とか、利他の施願印とか、無畏を与える施無畏印が一般的ですが、じつはこれらの印は金剛界五仏のうちの毘盧遮那を除く他の四仏、すなわち阿弥陀、阿閦、宝生、不空成就の印相です（阿弥陀仏は禅定印をとっていますが、説明では法輪印によって法輪を転ずという）。このことは、『金剛頂経』の毘盧遮那仏も歴史上の釈尊を指しているにほかならないことを意味しています。つまり五仏の毘盧遮那は智拳印によって正覚の始覚仏を指し、阿閦の触地印は仏陀の降魔成道を、阿弥陀の定印（＝転法輪印）は仏陀の説法を指しています（他の二仏も同様に仏陀の施願および施無畏を指す）。したがって、転法輪印の毘盧遮那も智拳印の毘盧遮那も同じ釈尊の異ったそれぞれの姿を示しているわけです。智拳印の毘盧遮那だけをみると特異なようですが、毘盧遮那と他の四仏は一心同体で、各一でも、全体でも釈尊その人を指しているから、何も特別視する必要はないといえましょう。

このように、転法輪印の毘盧遮那が歴史的に古く、顕教仏としての盧舎那仏の時からむすばれていた印相であり、それが瑜伽部密教の智拳印の毘盧遮那に発展するのであるが、前者と後者とでは利他の慈悲（説法）と自利の正覚の智慧の差異があります。そしてこの両者に、顕教の盧舎那仏と密教の毘盧遮那仏との性格がある程度反映しているようにも思われます。

それは盧舎那仏の説法が報身仏の説法であるのにたいして、密教の毘盧遮那仏は自受用法楽の自性身（法身）説法と考えられる点です。もとより法身説法は『大日経』（『大毘盧遮那成仏神変加持経』）とか『金剛頂経』（『真実摂経』）などの密教経典には明確に説かれていず、のちに弘法大師空海がこの理論を諸種の経論を典拠にして打ち出したものです。後述するとおり、この理論の背景には密教独自の成仏観（即身成仏思想）が大きな役割を占めています。またこれに支えられていることによって、自受法楽のさとりの智慧がただちに利他教化の慈悲の説法に転換することが可能です。したがって古い毘盧遮那仏の転法輪印は盧舎那仏（あるいは釈迦牟尼）の説法を受けつぐものであるが、それを後代の発展した密教の毘盧遮那仏の自受法楽の説法（＝さとりを楽しむ智慧）と解することも可能です。同じ転法輪印が成仏観の相違にもとづいて二様の解釈ができるわけですが、最初に言及したタボ寺の毘盧遮那像の転法輪印は、これを顕教仏釈迦牟尼の説法印の名残とも考えられるし（ここに古い要素をみる）、金剛界曼荼羅の主尊としての毘盧遮那であればさとりの智拳印と等同の、自受法楽の説法と考えられます。

二

ここで密教の法身説法について少し考えてみたいと思います。主として空海の説にもとづいて話を進めます（いまはふれませんが、インド密教にも同様の思想があることが論じられております。越智淳仁「法身説法について」『密教学研究』一七参照）。空海は『二教論』（『弁顕密二教論』）その他で、「法仏の談話」を密教といい、「応化の開説」を顕教というと規定しています。しかし注意すべきことは、空海によれば、一般の顕教の経典にも「法身説法」は説かれているのであるが、顕教の祖師方は自分の都合のよいように解釈して、これを法身説法とは受けとらなかったのであるとして、『入楞伽経』や『大智度論』の説などを例証にして自説をのべています。その詳細は別稿にゆずりたいと思いますが（「法身と色身」『密教学研究』一六参照）、空海が法身説法の根拠とする経文は、いずれもそのままでは法身説法を説いているとは見難いものです。

たとえば『入楞伽経』を例にあげると、『二教論』に引用されている経文は菩提流支訳巻二の「大慧《ヨ》、法仏説法者《トハ》、離《レタルカ》二心相応《ノ》体《ヲ》一故《ニ》、内証聖行《ノ》境界《ナルカ》故《ニ》、大慧《ヨ》、是名《ヅク》二法仏説法之相《ト》一、大慧《ヨ》、応化仏《ノ》所作、応仏説《ノハ》（中略）、復次《タニ》大慧《ヨ》、法仏《ノ》説法者《トハ》、離《レ》二攀縁《ヲ》一離《レタルカ》二能観所観《ヲ》一故《ニ》、離《レタルカ》二所作《ノ》相量《ノ》相《ヲ》一故《ニ》、大慧《ヨ》、非《サルカ》二諸（凡夫）声聞縁覚外道《ノ》境界《ニ》一故《ニ》」ですが、このうちの「法仏説法」は原文では法性仏（dharmatā-buddha）とあります。つまり法性仏には化仏の教説（nairmāṇikabuddhadeśanā）のごとき教説は存在しない、法性仏は言葉も心もたえはてた仏陀の聖なる自内証の境界であるといっています。菩提流支は原文にはない「法仏説法」という訳語を使ったが、それは「法（性）仏は説法しない」という文脈でいわれていることは確かであるのに、空海は否定的な「法仏説法」をあえて肯定的によんだわけです。ここには秘密釈とでもいうべき独自の解釈がなされているといえましょう。

同じことは、『大智度論』の教証にもあてはまると思います。『智度論』巻九に出る法性身と父母生身ですが、この法性身は十方虚空に満ちて、無量無辺の色像端正にして、相好荘厳せりとか、無量の光明、無量の音声あり、聴法の衆もまた虚空に満つとされている。さらには常に種々の身、種々の名号を出し、種々の生処に種々の方便をもって衆生を度す、常に一切を度して須臾も息むときがない、かくのごときは法性身の仏なりといわれています（これにたいしてよく十方の衆生を度し、もろもろの罪報を受くる者は、これ生身の仏なりなどといわれる）。

法性身は字義上は真如法性の理仏（法身）とみるべきでしょうが、相好をそなえ、名号を有し、常に一切の衆生を度すとされている以上、利他の応身仏とみなければならないことは明らかです。したがって右の経文の「法性身の説法」は、そのままでは法身説法といい難く、むしろ報仏ないし他受用仏の説法である、少なくともそれを含意した説であるといえると思います。同じことは、さきの『智度論』巻九につづいて出る「また法身仏は常に光明を放ち、常に説法したもう、云々」の文についてもあてはまります（空海はこの文も引用する）。法身が光明を放ち説法するばあいに、光明が眼にみえる光彩を放ち説法の音声をひびかせることができるのは、応化仏の対機説法にまつよりほかなく、そのことは『華厳経』とか『楞伽経』などに明言されているとおりです。とくに『華厳経』には、光明が「光明の門より妙音を出す」法音であることが強調されますが（「盧舎那仏品第二」）、その光明と法音は、教主の毘盧遮那が無相の法身にとどまらずに一切国土に応現し、群機に対応すること（色身説法）を意味しています。

『華厳経』と『大日経』『金剛頂経』の諸経とが深いつながりがあることは、教主毘盧遮那の名前一つをとりあげても容易に推定されます。同時にまた、中国で形成発展した華厳宗の教学にも、中国・日本の密教は大きな影響を受けています。いまその点を空海の法身説法の理論の背景にある仏身観について考えたいのですが、『二教論』に引用されている『大日経』の自性身説法の教証には、こうあります。

一時薄伽梵、如来が加持したまえる広大金剛法界宮に住したまう。一切の持金剛者、みな悉く集会せり。その金剛を名づけて、虚空無垢執金剛、ないし金剛手秘密主という。是の如きを上首として、十仏刹微塵数等の持金剛衆と倶なりき、および普賢菩薩、妙吉祥菩薩、ないし諸大菩薩に前後に囲繞せられて、法を演説したもう。いわゆる三時を越えたる如来の日、加持のゆえに身語意平等句の法門なり。

右の文では、自性身の教主つまり如来法身の説法が如来の自眷属である持金剛者たちになされるから、唯仏与仏の相問、すなわち法身説法と見なされる。しかしこれには種々の意見があり、証真の『天台真言同異章』では、この自眷属にたいする説法は、能所や所作などがみられるから、これをもってたとえば先の『楞伽経』のいう、心を離れ、能所観を離れ、所作を離れた法仏説法とすることはできないといっています(取意)。他には安然(八四一—?)が『真言宗教時義』のなかで、『大日経』の胎蔵世界と華厳宗の蓮華蔵世界とは同じであるといいます。

これにたいして東寺の杲宝(一三〇六—六二)は、『楞伽経』や『智度論』を引証した空海の真意は、言説説法の事を成ぜんがためであると反論します。それによると、先述の『楞伽経』巻二の三身説法の引文は、法身仏が機にたいして説法し、色の経巻に載すことであるという。かれは、自宗の意は不二をもって宗とするから、そこに建立する能化所化の儀式はすべて能所を絶する上での密号の能所である。不二に即した二であるから、たとえ能所を絶するといってもかえって能所の相あり、また二即不二であるから、能所の相ありといっても二相あることはない。このように功徳甚深微細にして、分別の情量のおよばざるところである。このようにみるとき、どうして両部大経の能化所化相待の説法を法身所説でないといえようかとのべて、証真の説をしりぞけるわけです（『真言宗全書』二〇）。

杲宝の不二説、つまり能所を絶した上での密号の能所相対の説法が法身説法であるとの解釈は、理にかなっていると思います。私は一つの理解として、「法身説法」の理論の背景に華厳の毘盧遮那十身仏（行境の十仏）が考えられていると推定したい。華厳の別教一乗の教主は、衆生世間・国土世間・智正覚世間の三世間に融じ、依正染浄相融相即して、森羅万象みなことごとく仏身ならざるはなし、とされています（『華厳五教章』）。またこのような十身の毘盧遮那は、法身にあらず、報化にもあらずとされますが、三世間十種法身に融じているのであるから、たとい人格身の化身とみるとも三乗で区別される三身説の化身とは同一でない、といわれます（凝然『五教章通路記』巻二）。

これにたいする空海自身の考えですが、十住心の教判では華厳の住心を第九住心とし、そこでは、「華厳所説の三種世間の仏はこれなすわち種因海の仏なり、故に性徳海の仏を摂することを得ざるなり。」といっています。これはもとより『五教章』の、解境の十仏の自境界である性海果分を不可説とし、普賢の境界である縁起因分を可説とする立場を、果分可説の密教の第十住心より低くみているわけであります。しかし『二教論』では、三種世間を摂する毘盧遮那仏を、『釈摩訶衍論』巻一〇の「盧遮那仏は三世間を摂すといえども、しかも摂と不摂との故に、この故に過なし」にもとづいて、円円海徳の諸仏すなわち自性法身なりとし、これを秘密蔵と名づけ、また金剛頂大教王と名づく、等覚十地等も見聞すること能わず、故に秘密の号を得、などといっています。また同じ『二教論』の中のさきの大日経文の直前に、不空訳の『金剛頂瑜祇経』（『金剛峯楼閣一切瑜伽瑜祇経』）のつぎの文を法身説法の教証として引用します。

一時薄伽梵金剛界遍照如来、五智所成の四種法身をもって、（中略）金剛乗を演べたまう。唯一の金剛よく煩悩を断ず。この甚深秘密心地、普賢自性、常住法身をもってもろもろの菩薩を摂す。ただこの仏刹はことごとく金剛自性清浄をもって成ずる所の密厳華厳なり。もろもろの大悲行願円満するをもって有情の福智の資糧の成就するところなり。五智の光照常に三世に住して暫くも息むことあることなき平等の智身なり。

ここでは世尊遍照如来が五智所成の四種法身をもって金剛乗を演べる、とありますから、法身大日如来が自性、受用、変化、等流の四種身全体を摂するものと考えられています。ということは、法身説法とは、常住法身の自内証が化他の妙用をおこして一切仏刹に説法を行ずるということであり、如来の大悲行願が円満し、かつは有情の福智資糧が成就した仏凡一体の世界が密厳華厳（の浄土）とされているということです。この密厳浄土を融三世間の蓮華蔵世界と同じとみたのは安然ですが、注意したいことは、右の『瑜祇経』の引文の最後の割注で、空海自身、如来の三密三身が一切におよんで休むことがないということの意味は、「五大所成の三密の智印はその数無量であり、身および心智三種世間に遍満遍満し、仏事を動作して刹那も休まないこと」と説明しています。これによるかぎり、「三種世間円融盧遮那仏」と密教の法身毘盧遮那如来とは、非常に近いものとなっております。

三

法身説法の背景についていろいろみてきたわけですが、問題は果海の説不をめぐって、顕教の一般経論では説きえないとする果海を、密教では説きえるとする点にあります。空海は、「応化の開説を名づけて顕教という。ことば顕略にして機に逗えり。法仏の談話これを密蔵という。ことば秘奥にして実説なり」（『二教論』）といっています。しかし上述のとおり、唯仏与仏の法仏の談話は密号の能所を有しているわけですから、『瑜祇経』にあるように、法身毘盧遮那仏はじつは四種法身の全体を摂した仏身である。これにより私は、「応化の開説を顕教という」の裏にある意味は、応化の開説では仏の自内証を示しえないとする顕教的立場を突破すること、そこに秘密根に約した真実相説法が内示されているとみます。密教の立場からすれば、曼荼羅海会の諸尊、ひいては森羅万象のことごとくが大日如来の法爾の色声にほかなりません。そこで法身大日の仏徳は、「念ずれば四種法身、開けば五種法身、ないし三七尊」

となって、おのおのに種三尊（種子＝法、三昧耶、形像＝大の曼荼羅、これに羯磨曼荼羅を合せて四種曼荼羅という）を帯びるわけです。

けっきょく私は、法身説法では、大乗一般でいう、法身の境が無境無説であるとは考えられていなかったように思います。『二教論』に『楞伽経』や『智度論』の教証を採用した意図は、空海の密教眼によれば、顕教経典の「応化の開説」は「法身説法」にほかならないことの証明であったと考えます。つまり、応化の開説も法爾真実の色声であり、真言であるということです。この立場に立たないかぎり、真実の色声も分別虚妄の形声に変じてしまいますから、法身の境は無境無説、と否定しなければなりません。このような真言の二而不二の立場は、「この阿字等はすなわち法身如来の一一の名字密号なり。ないし天竜鬼等もまたこの名を具せり。名の根本は法身を根源となす。彼より流出して稍く転じて世流布の言となるのみ。もし実義を知るをばすなわち真言（＝不空）と名づけ、根源を知らざるをば妄語（＝空）と名づく」（『声字実相義』）といわれる文にもよく表われています。

法身説法を論じて法爾の真言にいきついたわけですが、このような思想の背景には『華厳経』や華厳教学の仏陀観の展開を考慮すべき面があります。この方面には多くの先人の業績がありますが、その一部を参照しますと、法蔵の『五教章』では、十仏の自境界である毘盧遮那の性海果分は不可説義であり、これにたいして縁起因分の普賢の境界は可説であるとしつつ、しかも因分と果分とは、波と水のごとく無二であるという。したがってここでは、果分は不可説であるといいながら、波水（因分と果分）のごとく無二であるという点から、不可説である果分の様相を見せしめようとしている、といわれる（玉城康四郎「華厳経における仏陀観」講座大乗仏教三所収参照）。さらに同書では他にも一乗別教の仏の果海が「不可説不可説」とされつつ、しかもその境地は「無尽性海、随縁所成」といわれ、また「円明無尽果海」ともいわれている。これも不可説なる無意識域のなかにおのずから方向づけられているところの、意識域への傾きの形相がほの見えている、といわれます（同上玉城説）。

このような法蔵における、果海の無意識域が意識域の言語表現となって発現するという思想は、因分と果分とをつなぐ一即一切・一切即一の法界縁起説に裏づけられていることは明らかです。このことは同じく法蔵の『華厳経探玄記』の仏陀観についてみるといっそうはっきりする。すなわち『探玄記』では、『五教章』において「円融自在、一即一切」といわれながらも因陀羅網境界（重重無尽の縁起）としては不可説であるとされていた十仏の自境界が、「一切因陀羅網の無辺の世界に遍じて念念の中にみな、初初に成仏して主伴を具足し、三世間を尽くす」云々と無尽縁起として論じられている（同上）。

さらに十仏の自境界が一切因陀羅網無辺世界に遍ずるということは、『華厳経』の教えが如来の本願力によって衆生の機に応じて顕現することであることが、『探玄記』巻一の「明ニ教起所由一」（十門分別の第一）中に説明されていますが、法蔵は如来の願力や衆生の機根に先立って如来の転法輪が法爾常恒になされるとして、「法爾」の説法を如来および教法出現の第一条件としていることが注意されます（同上参照）。

初法爾故者、一切諸仏法爾、皆於ニ無成世界一、常転ニ如レ此無尽法輪一、如ニ大王路、法爾常規、無レ停無レ息、尽ニ窮未来際一。

ここにおいて法蔵の一即一切、一切即一の法界縁起観は毘盧遮那仏の常転法輪、つまり「法爾の説法」を根拠にしていることが理解されます。杜順―智儼―法蔵と次第した中国華厳宗の教学が、この三人の著作を援用して自らの思想体系を確立した空海にも反映していることは喋喋するまでもないことです。上述の法爾の真言と法蔵の右の法爾の説法とは深い関係が認められますし、同時に空海の六大縁起説は華厳の法界縁起説がモデルになっています。そのことは、たとえば、『即身成仏義』に、六大（能生）がよく一切の仏および一切衆生器界等の四種法身と三種世間（所生）とを造す、とあり、さらにこのような六大法界体性所成の身は、無障無碍にして互相に渉入相応し、常住不変にして同じく実際に住す、などと説明される点にも窺われます。

四

そこで、それでは『華厳経』自体には、ヴィルシャナ仏の説法がどのように説かれているかということと、それが法爾の真言へと発展するに際して、説法ないしそれを聞く側にどのような質的変遷があったかを考えてみたいと思います。初めにヴィルシャナ（vairocana＜vi√ruc輝く）すなわち光明の性格が何を意味するかということですが、先述のとおり、「盧舎那仏品第二」に「光明の門より妙音を出す」とありますから、光明とは説法であるとみてよく、光明の普遍性は、そのまま説法の普遍性を意味する。つまりそれは、毘盧遮那仏の智光ないし身光が、歴史上の釈尊の成道および転法輪を超歴史的な法爾の事蹟とするものであると考えます。

毘盧遮那仏は十方のすべての世界において、正覚を成じ、法輪を転ずるといわれますが、同時に仏陀ヴィルシャナの加護力または本願力のしからしむところ、それにもとづいて普賢菩薩の行願ないし説法が諸国土に生ずる（「盧舎那仏品第二」）ともいわれています。『華厳経』では教主のヴィルシャナ仏は直接説法せず、三昧に入って光明を放ち、神変を行ずるわけですが、その光明に現し出された普賢菩薩などによって法門がじっさいに説かれるということです。これらの教説によって、ヴィルシャナの光明が時空を越えた仏陀の慈悲・誓願の普遍性を意味するとともに、それを基底とした諸仏・諸菩薩の教説や活動の真実性が示されています。こうして普賢菩薩を初めとする諸菩薩の説法は、そのまま仏陀ヴィルシャナの転法輪の延長であるとの見方が可能となります。

私は、諸仏であれ菩薩であれ、その対機説法はヴィルシャナ仏の光明に包摂されていることから、それを聴聞する能力は、仏陀の普遍の願いに呼応する総持の陀羅尼（dhāraṇī）でなければならないと考えております。じじつ経典には光明と陀羅尼の関係を暗示する記述が多くみられます。それは、光明が前述のとおり説法の法音と切り離せないわけですから、光明にふれたとたんに無尽蔵の陀羅尼をえて一切の仏法を能持するとか（「賢首菩薩品第八」）、同様に百千の陀羅尼三昧をかくとくして十方無量の諸仏をみるとかいわれます（『ガンダヴューハ』鈴木本二六六頁）。

光明とはより本質的には、時限をこえた諸仏（現在多仏）の顕現を象徴するものと思われます。それは釈尊が般涅槃されて幾世久しい無仏の世に、待望されて出現した仏陀の一人が阿弥陀仏であったという事実からでも推察されます。同じことは、ヴィルシャナ仏の出現においても考えられます。『ガンダヴューハ』には、ヴィルシャナ仏を讃嘆する菩薩の言葉のなかに、「はげしくも恐しい三悪道において、幾千万劫の苦しみを経験する方がまだよい。しかしあらゆる障碍をなくす師をみないことは耐えられない」とか、「あらゆる世間でどれほど種々の不幸に遭遇するとしても、そこで長く住む方が諸仏の法音を聞かぬよりましだ」などと説かれている（同上三二頁）のは、それを示しています。

光明が十方の諸仏（毘盧遮那はそれら諸仏を合した普遍的・限定的一仏）の出現であるとすると、その十方の諸仏に値見して説法授記をさずかることが同時に要請されているわけです。そこで歴史をこえて現在に応現する仏陀を思惟する三昧（samādhi）とか三昧中にまみえた仏陀の教えを記憶して忘れない陀羅尼の聴聞能力が重視されるようになります。こうして、現在仏が説かれはじめる最初期の大乗経典から三昧や陀羅尼が登場して、以後大乗経典でこれを説かぬものはないほど多種多様の陀羅尼、三昧の教説がみられることは、周知のとおりです。

ところで『ガンダヴューハ』の解脱長者の箇所では、念仏の般舟三昧（仏がまのあたりにお立ちになるのを拝する三昧）に相当する言葉が、「一切の仏と法とがまのあたりに……」となっています（同上八三頁）。これは前述の光明の諸仏に値遇することが、同時に授記などの教法に接することであることを示しているといえます。つまり見仏と聞法とは区別できない不可分の事項です。

こうして、光明＝説法と陀羅尼との関係も必然的であることが理解できると思います。陀羅尼は一切の教法を記憶して忘れしめない能力をいいますが、記憶力は雄弁の説法を可能にするところから、弁才（pratibhāna）の性格を合わせもっています。この二面性によって、陀羅尼は自利利他を行ずる菩薩のすぐれた資質・能力の一つになるわけです。しかしすぐれた菩薩の能力ということであれば、それをそなえた者にのみ仏陀の教法が聴取可能となる。それでは光明に裏づけられた仏の説法の普遍性が損われてしまいます。

十方遍満仏としてのヴィルシャナ仏の智慧の光明があらゆる世界に及ぶところ、一切衆生に仏性ありとの如来蔵思想が生まれたとされます。この思想と陀羅尼とをくらべると、前者が無差別平等の究竟一乗思想の徹底化といえる面をもっていますが、後者は小乗仏教にたいして大乗仏教の優位性を主張する三乗思想にもとづく面を否定しえないと思います。しかし憶持不忘の陀羅尼も、大乗仏教の時代から真言（mantra 神呪）と分かちがたい関係がありますし、密教経典では真言陀羅尼として、両者は結びついています。そうなると陀羅尼は、法爾本覚の如来口密の真言と解さざるをえません。

田村芳郎博士によりますと、「本覚」は如来蔵と同じ内在原理と考えられるが、如来蔵が本質界そのものの原理として設定されたのにたいして、それを本質界と現象界の関係づけの上に盛りなおし、表現しなおしたものである。それゆえに、覚という語を用いたと思われる、といわれます（「本覚法門と心」仏教学9・10号）。ここで本覚という語が、本覚・不覚・始覚の三位一体で説かれているように、両界の関係づけに適しているとも指摘されています。これと関連するかどうかはにわかに決定できませんが、法蔵の『探玄記』巻一四に、如来蔵と陀羅尼が同置して説かれている用例がみられます。

如来蔵者法陀羅尼、謂所知真如蘊二積恒沙如来功徳一、名如来蔵総持法也。

ここでは如来蔵が教法の所知真如、つまり恒沙の如来功徳を積集するという意味で、法陀羅尼と同視されています。如来の功徳を積むとされるかぎり、本質界そのものの原理とはいえない、「始覚」の行的性格が表われています。ということは、このばあいの如来蔵は本覚の覚に近づけられているという面と、同様のことが陀羅尼についてもいえる面をもっています。

このような如来蔵・陀羅尼説が、空海の密教にどのような影響をもたらしたかは詳らかではありません。けれども空海の本覚門の思想に決定的な役割をはたした『釈摩訶衍論』巻二には、十種如来蔵の第一に、一切の如来蔵を摂するという大総持如来蔵が説かれていて、そこで「仏文殊に告げて言く、如来蔵あり名けて大宝無尽殊勝円満陀羅尼と曰う。尽く諸蔵を摂して通ぜざる所もなく当らざる所なく、円満円満平等平等なり、一切所有の諸の如来蔵は、此れを以て根本と為るに非ざること有ることなし、云々」という経説（『諸仏無尽契経』）が引証されている。これは契経説からみて、如来蔵が仏の諸功徳を含むあらゆる法蔵を摂しつくす「法陀羅尼」のごときものとされていることは明らかです。

むすびにかえて

以上「毘盧遮那仏の説法」と題して、とりとめもなく思いつきをのべてきましたが、最初のタボ寺の転法輪印の毘盧遮那像では、それが釈迦牟尼ないし盧舎那仏と同体同精神の像であることを確認し、ついで密教の法身説法のもとでは、法身が「説法する法身」「人格的法身」の性格をもつのはそれが理仏そのものではなくして三身または四種法身を摂したものと考えなくてはならないことを論じました。そこで法身毘盧遮那仏の説法とは、超歴史的でありかつ同時に現実的な事実の両面を含むことになります。歴史を越えた普遍性は、『華厳経』のヴィルシャナ仏の光明＝説法において証明されると思います。その普遍的な説法を把握する能力が陀羅尼であると考えたいのですが、それが一部のすぐれた者（菩薩）にかぎられるとすれば、ヴィルシャナ光明仏の本来の精神にもとることになりましょう。

そこで十方遍満仏としてのヴィルシャナの智慧ないし慈悲のおよぶところ、一切の衆生はその仏智を体してさとりをえるという如来蔵思想が発展して、本覚門の思想となり、それにもとづいて、仏凡一体の密教の即身成仏道の体系が成立した。最後に、その過程で陀羅尼は華厳宗の系統では如来蔵とも結びついていたがゆえに、菩薩にのみ与えられたすぐれた能力という性格が払拭され、その影響を受けた真言密教において如来真実の法爾の真言として再生する、ということをのべてみたかったわけであります。しかしこの点については、なお論述不十分でありましたことを反省しております。今後の課題とさせていただきたいと思いますので、いろいろ御教示たまわりますよう、よろしくお願いいいたします。

（本稿は昭和五九年十二月六日尋源講堂で行われた大谷大学仏教学会公開講演会の要旨である。）

略　歴

昭和一三年　徳島県に生まれる。
二三年　氏家覚心の室に入る。
三四年　氏家覚心の養子となる。
三六年　種智院大学密教学科卒業。
四〇年　大谷大学大学院修士課程修了。
四三年　大谷大学大学院博士課程単位取得。
四三年　高野山大学助手。
四五年　高野山大学講師。
四五年　十月に竹内純子と結婚。
四五年　ネパール国立トリブヴァン大学に二年間の留学（文部省派遣）。
四六年　高野山大学ネパール学術調査団の副団長として、ヒマラヤ周辺の仏教文化の実地調査。
四九年　長女、貴子誕生。
五一年　高野山大学文学部助教授・仏教学科主任。
五三年　次女、文子誕生。

五四年　第三回高野山大学チベット仏教文化調査団の一行と共に、北インド・ラダック地方にチベット仏教調査。
五六年　密教図像学会常任委員。
五七年　高野山大学文学部教授。
五七年　第四回高野山大学チベット仏教文化調査団の団長として一行を率い、スピティ地方にチベット仏教調査。
六〇年　遷化。四十六歳。

主要著作目録（※印は本書に収録）

著書

1 陀羅尼の世界　東方出版　昭和五九年三月

論文・書評・報告

1 唯識説における習気 vāsanā と転変 pariṇāma について　印仏研究一六巻一号　昭和四二年一二月
2 唯識三性説について　密教文化八五号　昭和四三年八月
3 仏教と密教の接点　仏教学会報創刊号　昭和四三年一二月
4 唯識説における ākāra の問題　印仏研一七巻二号　昭和四四年三月
5 入楞伽経の唯心説――如実知自心との関係――　密教学研究二号　昭和四五年三月
6 唯識思想における雑染と清浄の問題　密教文化九三号　昭和四五年一二月
7 カトマンズ通信①　高野山時報一九三五号　昭和四六年二月
8 カトマンズ通信②　高野山時報一九四三号　昭和四六年五月
9 （書評）服部正明・上山春平共著『認識と超越〈唯識〉』　密教文化九五号　昭和四六年六月
10 カトマンズ通信③　高野山時報一九五二号　昭和四六年八月

11　カトマンズ通信④　高野山時報一九六二号　昭和四六年一二月
12　カトマンズ通信⑤　高野山時報一九六四号　昭和四七年一月
13　カトマンズ通信⑥　高野山時報一九七九号　昭和四七年六月
14　カトマンズ通信⑦　高野山時報一九八五号　昭和四七年八月
15　カトマンズ通信⑧　高野山時報一九八六号　昭和四七年九月
16　ネパールの仏教儀礼――ダス・カルマについて――　仏教学会報四・五号合併号　昭和四八年一月
17　ネパールの仏教儀礼の紹介 'Gurumaṇḍalācana-pūjā' について　密教文化一〇五号　昭和四九年二月
18　ネパールの仏塔信仰について　日仏年報三九号　昭和四九年三月
19※聞持陀羅尼について――ダラニの原意とその展開――　印仏研二三巻二号　昭和五〇年三月
20　悪趣清浄マンダラとその観想　密教学研究七号　昭和五〇年三月
21　（書評）山口益編『仏教聖典』　仏教学セミナー二一号　昭和五〇年五月
22　スヴァヤンブー生起の物語――「Svayambhū-Purāṇa」の解説ならびに第一―第三章の和訳――　高野山大学論叢一一巻　昭和五一年二月
23　般若経と文殊菩薩　密教文化一一五号　昭和五一年九月
24　ボン教調査報告――ポクスンド湖周辺における――　密教文化一一六号　昭和五一年一一月
25　識論における根と種子――「唯識二十論」第九偈をめぐって――　密教学一三・一四合併号　昭和五二年一〇月
26※護法と総持　密教文化一二二号　昭和五三年三月

27※大集経における陀羅尼の研究　昭和五二年度科学研究費補助金総合研究（A）大集経の総合的研究研究報告　昭和五三年三月

28　大集経におけるダーラニー説　印仏研二六巻二号　昭和五三年三月

29※多聞の熏習としてのダーラニー説　高野山大学論叢一四巻　昭和五四年二月

30　ラダック学術調査中間報告①　高野山時報二二二一号　昭和五四年一〇月

31　ラダック学術調査中間報告②　高野山時報二二二二号　昭和五四年一一月

32※法師を守護するもの　伊藤・田中両教授頌徳記念論文集（東方出版刊）　昭和五四年一一月

33　ラダック学術調査中間報告③　高野山時報二二二七号　昭和五五年一月

34　ダーラニーと真言〈一〉　同行新聞八〇号　昭和五五年二月

35　ダーラニーと真言〈二〉　同行新聞八一号　昭和五五年三月

36　ダーラニーと真言〈三〉　同行新聞八二号　昭和五五年三月

37　ザンスカールにおける五仏系のマンダラの種々相　密教学研究一二号　昭和五五年三月

38　ラダックの仏伝壁画　第三回高野山大学チベット仏教文化調査団報告書　昭和五五年三月

39　聞法による生死の超出――『大乗荘厳経論』の「教授教誡品」を中心として――　日仏年報四五号　昭和五五年三月

40　（書評）雲井昭善編『業思想研究』　仏教学セミナー三一号　昭和五五年五月

41　初期密典の解脱観――陀羅尼の変遷をとおして――　印仏研二九巻一号　昭和五五年一二月

42　陀羅尼講話(一)　聖愛三五巻五号　昭和五六年五月

43　陀羅尼講話㈡　聖愛三五巻六号　昭和五六年六月
44　陀羅尼講話㈢　聖愛三五巻七号　昭和五六年七月
45　陀羅尼講話㈣　聖愛三五巻八号　昭和五六年八月
46　陀羅尼講話㈤　聖愛三五巻九号　昭和五六年九月
47　陀羅尼講話㈥　聖愛三五巻一〇号　昭和五六年一〇月
48　密教図像学会の発足　中外日報二二八〇二号　昭和五六年一〇月
49　陀羅尼講話㈦　聖愛三五巻一一号　昭和五六年一一月
50　陀羅尼講話㈧　聖愛三五巻一二号　昭和五六年一二月
51　陀羅尼講話㈨　聖愛三六巻一号　昭和五七年一月
52　研究課題は「念仏と陀羅尼の関係」　中外日報二二八二二号　昭和五七年一月
53　陀羅尼講話㈩　聖愛三六巻二号　昭和五七年二月
54※念仏より陀羅尼へ　高野山大学論叢一七巻　昭和五七年二月
55　「共の十地説」研究ノート　昭和五六年度科学研究費補助金（一般研究B）研究成果報告書　ネパール将来仏教・密教・インド教関係梵文写本の原典批判的研究　昭和五七年三月
56　陀羅尼講話(十一)　聖愛三六巻三号　昭和五七年三月
57　陀羅尼講話(十二)　聖愛三六巻四号　昭和五七年四月
58　陀羅尼講話(十三)　聖愛三六巻五号　昭和五七年五月

59 陀羅尼講話㈣　聖愛三六巻六号　昭和五七年六月
60 陀羅尼講話㈤　聖愛三六巻七号　昭和五七年七月
61 （書評）アジット・ムケルジー著、松長有慶訳『タントラ、東洋の知恵』　中外日報二二九一八号　昭和五七年七月
62 陀羅尼講話㈥　聖愛三六巻八号　昭和五七年八月
63 陀羅尼講話㈦　聖愛三六巻九号　昭和五七年九月
64 受用身の一特性　密教文化一三九号　昭和五七年九月
65※初期密教の解脱観　仏教思想8・解説（平楽寺書店刊）　昭和五七年一〇月
66 タボ寺を中心とするチベット仏教の調査㊤　中外日報二二九七一号　昭和五七年一一月
67 タボ寺を中心とするチベット仏教の調査㊦　中外日報二二九七三号　昭和五七年一一月
68 大乗と密教の二重構造――タボ寺大日堂の諸尊　大阪毎日新聞（夕刊）　昭和五七年一一月
69 大集の一考察　仏教学会報八号　昭和五七年一二月
70 陀羅尼講話㈧　聖愛三六巻一二号　昭和五七年一二月
71 陀羅尼講話㈨　聖愛三七巻一号　昭和五八年一月
72 西チベットを再訪、仏道大系を究めたい　中外日報二二九九〇号　昭和五八年一月
73 （書評）種智院大学密教学会インド・チベット研究会編・『チベット密教の研究――西チベット・ラダックのラマ教文化について――』　中外日報二三〇〇〇号　昭和五八年一月

74 秘境チベット寺院　大法輪二月号　昭和五八年二月
75 陀羅尼講話㈩　聖愛三七巻二号　昭和五八年二月
76 陀羅尼講話㈪　聖愛三七巻三号　昭和五八年三月
77※初期大乗経典の親近善知識　仏教と文化（同明社刊）　昭和五八年三月
78 タボ寺大日堂の仏像構成と問題点　第四回高野山大学チベット仏教文化調査報告書　昭和五八年三月
79 陀羅尼講話㈫　聖愛三七巻四号　昭和五八年四月
80 陀羅尼講話㈬　聖愛三七巻五号　昭和五八年五月
81 法身遍満と説法――如来蔵と陀羅尼の対比を通じて――　中外日報二三〇六七号　昭和五八年六月
82 タボ寺の尊像美術　密教図像二号　昭和五八年一一月
83 般若思想と密教　講座大乗仏教2・般若思想（春秋社刊）　昭和五八年一一月
84 On the Penetration of Dharmakāya and Dhamadeśanā――based on the different ideas of dhāraṇī and tathāgata-garbha　印仏研三二巻一号　昭和五八年一二月
85 瞑想の人、リンチェン・サンポの寺　瞑想8・コンピュータ・メディテーション　昭和五八年一二月
86 本初仏の塔管見　仏教芸術一五二号　昭和五九年一月
87 法身と色身――法身説法を中心に――　密教学研究一六号　昭和五九年三月
88 （書評）佐伯泉澄著『弘法大師空海百話』　高野山時報二三六五号　昭和五九年四月
89 （書評）高井・鳥越・頼富編著『密教の流伝　講座密教文化1』　中外日報二三二五五号　昭和五九年八月

90	博識旃陀羅	仏教学会報一〇号	昭和五九年一二月
91	仏教経典にみられる旃陀羅の用例	高野山大学論叢二〇巻	昭和六〇年二月
92	※毘盧遮那仏の説法	仏教学セミナー四一号	昭和六〇年五月

氏家覚勝（うじけ　かくしょう）
1938年　徳島県生まれ。
1965年　大谷大学大学院修了。
1970年　2年間ネパール留学（文部省派遣）
1979・82年　インド・ラダック、スピティ地方にチベット仏教の調査。
1985年　遷化。
著　書　『陀羅尼の世界』（東方出版）、『仏教思想8 解脱』（共著、平楽寺書店）、『講座大乗仏教2 般若思想』（共著、春秋社）ほか。
論　文　「悪趣清浄マンダラとその観想」（密教学研究7）、「聞持陀羅尼について」（印仏研23-2）、聞法による生死の超出（日仏学年報46）ほか多数。

陀羅尼思想の研究【新装版】

1987年　11月5日　　初版第1刷発行
2017年　7月21日　新装版第1刷発行

著　者　©氏　家　覚　勝
発行者　稲　川　博　久
発行所　東方出版（株）
〒543-0062　大阪市天王寺区逢阪 2-3-2
TEL06-6779-9571　FAX06-6779-9573
装　幀　森　本　良　成
印刷所　亜細亜印刷（株）

落丁・乱丁本はおとりかえいたします。　ISBN978-4-86249-287-6

陀羅尼の世界【新装版】	氏家覚勝	二、〇〇〇円
加持力の世界【新装版】	三井英光	一、八〇〇円
弘法大師　空海百話【新装版】	佐伯泉澄	一、〇〇〇円
弘法大師　空海百話　II	佐伯泉澄	一、〇〇〇円
真言宗法儀解説【新装版】	大山公淳	一、五〇〇円
増補校訂　中院流の研究	大山公淳	一五、〇〇〇円
仏教音楽と声明	大山公淳	一五、〇〇〇円
真言秘密加持集成	稲谷祐宣・荒城賢真	二〇、〇〇〇円
諸尊通用次第　中院	中川善教　編著	一二、〇〇〇円
一座土砂加持秘法　中	中川善教　編著	八、〇〇〇円

＊表示の価格は消費税抜きの本体価格です＊